통합사회
교과서와
함께 읽기

인문학적 사고력과 문제해결력을 높여주는

통합사회
교과서와
함께 읽기

구정화 지음

2

해냄

공부란 세상을 알아가는 법을
배우는 것

여러분은 자신이 살아가는 세상을 얼마나 알고 있나요? 내가 안다고 '생각'하는 것이 정말 정확하게 알고 있는 '사실'일까요? 전혀 예상하지 못했던 새로운 소식을 접하거나, 잘 알고 있다고 생각했던 사람의 특이한 상황을 전해 듣고 나면 이런 질문을 하게 됩니다.

"나는 무엇을 알고 있었던 걸까?"

사람이 태어나서 만나게 되는 세상은 새로운 것투성이입니다. 그래서 아이들이 말을 배우기 시작하면서 '이건 뭐예요?' '저건 뭐예요?'라며 끊임없이 질문하죠. 종종 경험적으로 판단하기 위해서 입에 물기도 하고, 손을 넣어보기도 하고, 발로 밟아보기도 합니다.

그러다가 학교에 다니기 시작하면 정해진 답을 기억하고 그 답을 이용하여 다른 정답을 찾는 일에 집중하는 시기가 찾아옵니다. 스스로 세상을 이해하고 바라보는 일을 잊은 듯이 살아가는 것이죠.

이렇게 주어진 답 안에서만 대상을 인식하게 되면 더 이상 세상에 대한 흥미로운 탐구가 불가능해집니다. 현상 속에 숨겨진 다양한 이면을 보지 못하는 오류를 낳을 수 있습니다. 또 어떤 경우에는 새로운 것을 아예 보지 않으려는 완고함마저 갖게 된답니다.

농담으로 하는 이야기가 있습니다. 이 세상에 변하지 않는 유일한 한 가지가 있는데, 그것은 "세상은 항상 변한다"라는 사실이죠. 우리가 살아가는 세상은 항상 가변적이면서 역동적입니다. 그런 점에서 '변화'와 '다양성'은 세상을 작동하게 하는 중요한 방식입니다.

그렇다면 우리가 세상을 바라볼 때에도 변화의 가능성과 함께 다양성에 대한 인정도 고려해야 하지 않을까요? 내가 알고 있다고 판단한 세상에 대해 끊임없이 질문하고 새롭게 인식하면서 이해하는 노력이 필요하지 않을까요?

우리 사회에서는 '공부'를 상급학교에 진학하기 위한 것으로 인식하고 있습니다. 그러나 공부는 세상을 알아가는 방법을 배우는 일입니다. 공부는 어떤 현상에 대하여 의문을 가지고 질문을 하며 그 답을 찾아가는 방법을 배우는 것이어야 합니다. 이 과정에서는 물론 기존에 완성되어 있는 지식을 이해하고 배우는 것도 중요합니다. 더불어 스스로 질문을 던지고 탐구하는 것도 중요하죠.

이를 위한 방법으로 관련 현상을 설명하는 다양한 책을 읽고 각각의 책에서 제기하는 주장들의 장단점을 스스로 되새겨보는 것이 필요합니다. 그런 의미에서 이 책은 여러 책을 읽는 것과 같은 효과를 누리도록 하나의 주제와 관련하여 다양한 질문, 다양한 관점, 다양한 주장들을 모아

보려고 했습니다.

이 책의 내용 구성은 '2015 개정 교육 과정'에서 새롭게 만들어진 고등학교 『통합사회』의 주제를 따라갑니다. 전체가 9개의 주제로 되어 있어서 한 권에 다 담아낼 수가 없었습니다.

1권에서는 통합적 관점이란 무엇인지에 대해 살펴보고, '행복' '자연환경' '생활공간' '인권'에 관한 이야기를 다루었습니다. 2권에서는 '시장경제와 금융' '사회 정의와 불평등' '문화와 다양성' '지구촌 갈등과 평화' '지속 가능성과 미래'를 다루게 됩니다.

사회 과목은 각각 세부적이고 전문적으로 나뉘어 있기에 위에 제시된 9개의 주제를 서술하면서 제가 공부한 전공 분야로 인한 한계가 있음을 느꼈습니다. 그럼에도 관련 서적을 읽으며 최선을 다해 내용을 다듬었습니다.

저 또한 오랫동안 하나의 학문에 정진한 결과, 스스로 그렇지 않으려고 노력했음에도 하나의 관점을 강하게 주장하는 사람이 되었습니다. 다양한 관점을 담아내려고 노력했으나 이 책 또한 하나의 관점에 매몰되어 있을 수도 있다는 가능성을 항상 염두에 두고 읽기를 바랍니다. 즉, 여러분 스스로 책의 내용에 비판을 가하고 의문을 던지면서 새로운 생각을 하는 것이 필요합니다.

유난히 추운 겨울이 지났습니다. 많은 변화를 경험한 우리 사회가 다시 맞은 새해이지만, 사회에서 세상을 바라보는 시각은 여전히 편협하며 타인에 대한 이해에는 아직도 차가움이 가득합니다. 이 책이 그러한 편협함을 줄여주고 차가움을 녹여주는 역할을 조금이라도 하기를 바랍니다. 춥고 힘든 상황을 넘어 이 책이 나올 수 있도록 해주신 해냄출판사 관계자

분들을 비롯하여 모든 분들께 감사드립니다.

　마지막으로 사람마다 책에 담긴 내용과 관련해 다른 의견과 생각을 가질 수 있습니다. 여러분들이 그것을 솔직하게 지적해주는 독자가 되길 바랍니다. 여러분의 그러한 지적을 바탕으로 함께 논의하고 수정하면 더 나은 내용으로 책을 만들어나갈 수 있을 것이며, 사회를 좀 더 살기 좋은 곳으로 발전시켜 나가는 데에도 도움이 될 것입니다.

2018년 5월

구정화

차례

들어가며 공부란 세상을 알아가는 법을 배우는 것 4

1장

경제 흐름을 이해하고
나의 미래 설계하기

시장경제와 금융

1 자본주의는 어떻게 발전해왔을까? 15

2 시장경제를 움직이는 다양한 요소들 27

3 왜 세계는 무역을 하는가? 41

4 어떻게 해야 경제적으로 안정된 삶을 살 수 있을까? 53

📚 작품으로 보는 '시장과 금융' 64

2장

정의로운 사회는
어떻게 만들어지는가?

사회 정의와 불평등

1 정의란 무엇인가? 69

2 개인과 공동체 중 무엇을 우선 고려할 것인가? 76

3 사회 곳곳에 드리워진 불평등의 그림자 88

4 사회 불평등, 어떻게 해결할 것인가? 98

　작품으로 보는 '정의와 불평등' 110

3장

다양한 문화 속에서
함께 살아가기

문화와 다양성

1 문화에 따라 달라지는 삶의 양식 115

2 끊임없이 충돌하고 섞이며 세상을 움직이다 124

3 서로 다른 문화를 어떻게 이해해야 할까? 134

4 다름을 존중하는 사회로 나아가는 길 142

　작품으로 보는 '문화와 다양성' 152

4장 ❋ **세계 속의 심화되는 갈등과
평화를 위한 발걸음**

세계화와 평화

1 세계화는 우리의 삶을 어떻게 바꾸었나? 157

2 협력과 평화를 향한 세계의 손길들 166

3 동아시아 평화를 위한 한반도의 숙제 176

📚 작품으로 보는 '평화' 186

 5장 ❋ **다음 세대를 위한
우리의 선택은 무엇인가?**

미래와 지속 가능한 삶

1 인구 변화, 그리고 지구의 앞날은? 191

2 상처 입은 지구환경에 지속 가능한 미래는 있는가? 202

3 인공지능과 제4차 산업혁명, 인간의 미래는 어디로? 212

🎬 작품으로 보는 '지구의 미래' 222

마치며 세계, 미래, 그리고 나 224

함께 읽으면 좋은 책 228   미주 235

통합사회 교과서와 함께 읽기

1권 차례

1장 우리는 어떻게 행복한 삶을 살 수 있을까?
인간과 행복

행복이란 무엇일까?
행복한 삶을 살기 위해 필요한 조건들
나는 어떤 국가에서 살고 싶은가?
작품으로 보는 '행복'

2장 우리를 둘러싼 자연환경 이해하기
자연환경과 인간생활

자연환경은 인간의 삶에 어떤 영향을 주는가?
자연과 인간, 올바른 관계 맺기
환경문제를 해결하기 위한 여러 가지 노력들
자연재해, 어떻게 대응해야 할까?
작품으로 보는 '자연환경'

3장 사회 변동에 따른 생활공간과 생활양식의 변화
생활공간과 사회

산업화는 우리의 삶을 어떻게 바꾸었나?
도시의 성장과 도시민의 삶
삶을 연결하고 공간을 확장하는 교통과 통신의 발달
정보화가 가져오는 생활의 변화
작품으로 보는 '생활공간'

4장 인간의 존엄성을 지키기 위한 다양한 노력들 인권과 헌법 그리고 삶

인권이 성장해온 과정
헌법은 인권을 어떻게 보장하는가?
인권을 위한 시민참여
내 이웃 혹은 나의 인권은 안녕한가?
세계 여러 나라의 인권 문제는?
작품으로 보는 '인권'

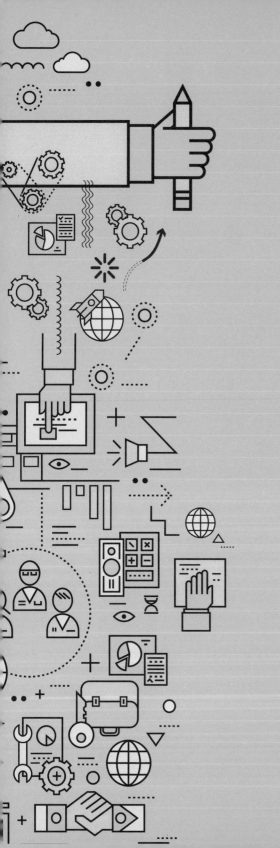

1장

경제 흐름을
이해하고
나의 미래 설계하기

※ 시장경제와 금융

우리가 매일 식사를 할 수 있는 것은 푸줏간과 양조장,
빵집 주인의 자비심 덕분이 아니라 그들의 돈벌이에 대한 관심 덕분이다.
―애덤 스미스의 『국부론』 중에서

1 자본주의는
어떻게 발전해왔을까?

(!) 상업 자본주의, 산업혁명과 자본주의, 독점 자본주의,
수정 자본주의, 신자유주의

사례 1. 어떤 브랜드의 옷을 샀는데 나중에 인터넷에서 보니 더 싸게 판매하고 있습니다. 또한 1년 정도 지나고 보면 살 때보다 옷 가격이 더 많이 떨어져서 손해를 본 느낌입니다.

사례 2. 2016년에 일본에서 제작한 영화 〈너의 이름은〉을 한국에서 개봉하면서 크라우드 펀드를 모집했습니다. 영화가 흥행을 하자 소액 투자자들이 약 40%의 이익을 남겼습니다.

사례 3. 과학자로 알려진 에디슨은 자신이 아이디어를 낸 전구를 생산하기 위해서 투자자들로부터 투자를 받아 '에디슨전기조명회사'를 만들었습니다. 후에 이 회사를 기반으로 '제너럴일렉트로닉(GE)'이라는 미국의 대표적 전자회사가 설립되어, 지금도 다양한 전자제품을 만들고 있습니다.

사례 4. 독특한 아이디어를 가지고 일군 회사가 성공하면 그 기업을 만든 사람은 많은 돈을 법니다. 그런데 시대에 뒤처진 상품을 개발하면 경쟁력이 떨어져 회사가 망합니다. 판매한 상품에 문제가 있어서 회사가 손해를 보고 망하는 경우도 있습니다.

사례 5. 대학교 졸업 시즌을 앞두면 여러 기업에서 신입사원 모집 공고를 냅니다. 여기에 지원하여 입사한 사람은 생산직, 영업직, 연구직 등에서 다양한 일을 하고 그 대가로 월급을 받습니다.

위 다섯 가지 사례의 공통점은 무엇일까요? 전부 자본주의와 관련이 있다는 것입니다. 사실 자본주의가 무엇이냐고 물어보면 정확하게 답하기가 어렵습니다. 다만 위 사례를 보건대 자본주의 사회에서는 화폐로 거래되는 상품이 존재하고, 상품은 자본과 노동을 투입하여 생산되며, 그로 인해 얻은 이윤이 월급이나 투자 이익으로 돌아가는 것을 관찰할 수 있겠네요.

그리고 자본주의 사회에서 대다수는 기업가나 노동자, 투자자 등으로 생산에서 일정한 역할을 하며, 소비자로서의 역할도 가지고 있습니다. 이 모든 것이 가능한 이유는 바로 사회가 시장경제 체제로 움직이기 때문입니다.

즉, 사유재산 제도에 기초하여 경제 주체들이 시장 가격에 따라 자율적으로 경제 문제를 해결해가는 시장경제 체제로 움직이는 사회를 두고 우리는 '자본주의를 도입했다'라고 말합니다. 그런데 자본주의는 하나의 모습으로만 나타나지 않습니다. 자본주의는 언제부터 시작되어 어떻게 변해왔을까요?

신항로 개척과 함께 시작된 상업 자본주의

자본주의의 시작을 살펴보려면 15세기로 거슬러 올라가야 합니다. 그 전에도 여러 나라가 교류를 하고 있었지만, 유럽과 아시아가 본격적인 교류를 하게 된 건 15세기에 개척된 새로운 항로 덕분입니다. 이전에는 십자군전쟁으로 서유럽이 서남아시아와 접촉하면서 동남아시아 등지에서 생산되는 향신료 등을 들여왔습니다. 당시에는 지중해가 교역의 중심지였지요.

그런데 십자군전쟁이 끝난 후 오스만 투르크가 지중해를 중심으로 무역을 점령하자, 서유럽 국가의 상인들은 동남아시아에서 상품을 직접 사오려고 했습니다. 그래서 서유럽 왕가의 후원을 얻어 지중해를 거치지 않고 아시아로 가는 새로운 항로를 찾기 시작합니다. 마젤란, 콜럼버스, 아메리고 베스푸치 같은 탐험가들이 노력한 결과, 아메리카 대륙과의 접촉이라는 새로운 역사적 사건이 일어납니다. 지중해가 아닌 대서양을 통해 아메리카를, 그리고 다시 태평양을 통해 아시아를 연결하는 신항로를 찾은 것입니다.

유럽은 아메리카 – 아시아 지역에 진출하여 자신들에게 유리한 조건으로 판매할 상품을 가져왔습니다. 유럽 상인들은 막대한 부를 이용하여 현지 수공업자들에게 미리 돈을 투자하고 필요한 상품을 생산하게 한 다음, 자국으로 가져가서 판매하는 방식으로 부를 축적했지요. 이렇게 유럽인은 상품을 직접 만들어서 팔지 않고, 이미 완성된 상품을 유럽에 가져가서 팔았습니다. 유통, 즉 상업을 한 것이지요. 이를 두고 '상업 자본주의'라고 부릅니다.

그러나 이런 것도 왕실의 허락이 있어야 가능했을 뿐, 개인이 자유롭게 선택할 수 없었다는 점에서 자본주의의 모습을 제대로 갖추었다고 할 수는 없습니다. 그럼에도 자본을 들여 상품을 생산해내고 유통만으로 이윤을 남기는 상업 자본주의에서 향후 자본주의의 가능성을 볼 수 있습니다.

또한 아시아 등지에서 상품을 생산하면서 공장제 수공업 생산 방식이 어느 정도 엿보였다는 점, 상품 생산을 위해 자본이 막중한 역할을 했다는 점, 네덜란드 동인도회사*같이 상품 거래를 위한 주식회사를 설립했다는 점에서 자본주의 성장의 기초를 마련했다고 평가받습니다.

산업혁명, 자본주의를 탄생시키다

자유로운 상품 생산과 소비가 강조되는 자본주의는 18세기 유럽의 산업혁명과 관련이 있습니다. 서유럽의 경우에 산업혁명 전에 사람들은 시민혁명을 거쳐 왕의 통치에서 벗어나 자유를 얻게 되었는데, 이는 상품 생산과 유통에도 영향을 미쳤습니다. 학자들은 영국에서 산업혁명이 가능했던 이유로, 서유럽의 다른 나라들보다 왕의 통치에서 더 자유로웠던 영국의 사회·정치적 분위기를 꼽지요. 이런 분위기는 영국에서 일어난 종교혁명과 명예혁명 덕분에 가능한 것이었습니다.

증기기관과 방적기 발명을 통한 기계화, 이후 전기 도입으로 공장제 기

◆ 네덜란드 동인도회사   16~18세기에 존재한 네덜란드 동인도회사는 대자본가와 함께 소액 투자자들도 투자했다. 또한 아시아 항해를 통해 얻은 무역 이익을 투자자에게 배당하는 방식을 사용하여 현재와 같은 주식회사 성격을 가졌다. 역사상 최초의 근대적 주식회사로 불린다.

계공업을 통한 대량생산이 가능해지면서 상품의 생산 방식도 달라집니다. 상업 자본주의에서 부를 획득한 자본가들은 자본을 투자하여 직접 공장을 짓고, 기계를 도입하고, 노동자를 고용하여 상품을 만들어 판매했습니다.

시민혁명으로 개인의 '자유'를 강조하던 시기였기 때문에 상품 생산과 판매에 정부의 개입이 최대한 제한되기도 했습니다. 그래서 생산과 수요가 만나서 가격이 결정되는 자유로운 시장이 중요한 역할을 하게 됩니다. 공장제 생산이라는 산업 발달에 의해 자본주의가 형성된다고 해서, 이 시기를 '산업 자본주의'라고 부릅니다. 당시 경제학자 애덤 스미스(Adam Smith)는 『국부론』이라는 책에서 인간의 이기심에 기초한 자유방임주의를 자본주의의 핵심으로 강조하기도 했습니다.

산업 자본주의에서는 대량생산을 하여 사람들에게 물질적 풍요로움을 주기 위해 수많은 노동자를 고용했습니다. 그래서 자본가와 노동자라는 새로운 사회적 관계가 만들어지지요. 문제는 자본가들이 노동자를 인간이 아닌 상품처럼 취급하기도 했다는 점입니다. 노동 시장에서 노동력의 공급은 수요에 비해 많았기 때문에 노동자들은 열악한 환경에서 일할 수밖에 없었고, 이윤이 대부분 자본가에게 돌아가면서 빈부격차라는 사회 문제가 생겼습니다.

독점 자본주의가 힘을 발휘하다

산업혁명으로 이룩한 초기 자본주의는 19세기 말에 최고조로 성장하여 유럽뿐 아니라 미국, 일본 등까지 확장되었습니다. 그러는 동안 엄청난 부를 축적한 거대 기업이 형성되었고, 이들이 시장에 미치는 영향력이 점점 커졌습니다. 그리고 시장에 불황이 닥치자 거대 자본을 가진 일부 기업은 더 막강해졌습니다.

특히 투자회사들이 생산을 담당하는 기업과 결합하거나 아니면 독자적으로도 영향력이 커지면서 말 그대로 '자본'주의가 되어버렸습니다. 당시 미국의 대표적인 투자회사들은 바로 모건, 록펠러, 골드만삭스 등에 의해 형성된 금융기관입니다. 이 회사들은 지금까지도 미국 월스트리트를 비롯하여 세계의 자본을 움직이고 있습니다. 이처럼 자본을 소수기업이 독점하면서 자본주의의 양상이 달라진 시기를 '독점 자본주의'라고 부릅니다.

독점 자본의주의 상태에서 빈부격차는 더 커졌습니다. 이에 독점 자본주의가 형성되기 전 산업 자본주의에서부터 빈부 문제에 주목하고 『자본론』을 집필한 마르크스와 엥겔스는 빈부격차를 자본주의 생산 체제의 모순이라고 하면서 '사회주의'를 주장했습니다.

사회주의에서는 애덤 스미스가 말한 것과 달리 자유로운 시장을 통해 경제가 움직이지 않습니다. 대신 사회 전체의 이익을 위해 개인의 이익을 제한하고 재산 국유화 등을 통해 경제가 움직이도록 해야 한다고 주장합니다. 사회주의는 독점 자본주의가 나타나면서 더 많은 힘이 실렸고, 대표적으로 왕정국가였던 러시아가 사회주의 혁명을 통해 사회주의 경제체제로 전환되었습니다.

독점 자본주의에서 '자본'으로 행사하는 강한 시장 지배력은 국가 간에서도 볼 수 있었습니다. 제국주의 형태가 그것이지요. 산업 자본주의가 발달한 서유럽과 미국, 일본 등은 거대 자본을 바탕으로 자유무역이라는 이름하에 상품의 원료 확보와 생산, 그리고 판매를 위해 다른 나라를 경제적 식민지로 만드는 작업을 시작합니다. 어떤 경우엔 '자본'이라는 경제력을 바탕으로 다른 나라를 식민지로 만들어 정치적 지배력까지 강탈했지요.

수정 자본주의, 정부가 시장에 개입하다

독점 자본주의 시절, 생산에 강력한 지배력을 갖던 투자회사에 위기가 찾아옵니다. 바로 미국의 대공황입니다. 자본주의는 '보이지 않는 손'인 시장에 의해 수요와 공급이 적절하게 균형을 이루면서 작동합니다. 그런데 공급과잉 상태가 되면 공급을 줄여야 하는데도 기업이 이윤을 위해 생산을 지속했습니다. 수요가 이를 따라가지 못하자 시장이 덜컹거렸습니다. 물건이 싼값에 넘쳐나도 소비가 일어나지 않은 것이죠. 시장경제 원리에 따르면 가격이 내려가면 수요가 증가해야 하는데 이 원리가 통하지 않았습니다.

미국에서 나타난 대공황. 공급과잉에 따라 가격이 하락함에도 수요가 증가하지 않고 물건이 팔리지 않자 기업은 도산하고, 노동자는 실업자가 되고, 넘쳐나는 자본을 빌려주는 곳은 있지만 아무도 이를 생산에 투자하지 않았습니다. 1929년 10월 24일 목요일, 미국의 월스트리트 주식시장이 개장하자마자 주식이 크게 폭락한 '검은 목요일(Black Thursday)' 이후에 미국은 대공황에 빠지게 됩니다.

미국 경제 대공황 당시 실업자들의 모습(1933년 11월 24일). 수요와 공급의 균형이 무너지며 기업들은 줄줄이 도산했고 길거리에 실업자들이 넘쳐났다.

　　미국의 경제학자 존 메이너드 케인스(John Maynard Keynes)는 공급과잉에 따른 문제를 해결하려면 '보이지 않는 손'인 시장만 믿어서는 안 되고, 정부가 개입하여 소비가 일어나도록 조정해야 한다고 보았습니다. 이에 따라 '뉴딜 정책◆'을 통해 댐 건설 등 대규모 공공사업이 시작되자, 사람들은 소득을 얻었고 시장에 돈이 돌면서 소비가 살아났습니다. 당시 세계대전 등에 힘입어 미국의 뉴딜 정책은 대성공을 거두었고 자본주의는 다시 안정적으로 성장합니다.

◆ 뉴딜 정책　미국의 프랭클린 루스벨트 대통령이 대공황을 극복하기 위해 추진한 경제 정책이다.

이렇듯 시장에 정부가 개입하여 자본주의의 기본적 틀을 변경한 것을 '수정 자본주의'라고 합니다. 수정 자본주의는 시장이 작동하는 과정에서 문제가 나타날 수 있음을 전제로 하여, 시장경제에서 정부의 역할을 인정했다는 점에서 의의가 있습니다.

경기 침체를 극복하기 위해 등장한 신자유주의

수정 자본주의를 통해 시장에 개입하기 시작한 정부는 자본주의가 가져온 소득 불평등과 빈부격차를 해결하기 위해 자본 규제나 복지, 수요와 공급의 균형을 위한 정책 등을 펼쳤습니다. 어쨌든 세계 경제가 활황을 이루던 시기였기 때문에 시장에 대한 정부 개입 자체가 문제가 되지는 않았습니다.

그런데 1970년대 들어 다시 경기가 침체되었습니다. 당시 세계 경제는 석유라는 막강한 에너지 자원에 의존하고 있었는데 석유 자원을 보유한 아랍 국가들이 자신들과 대립하던 이스라엘을 미국이 지원하자 석유 생산량을 감축하고 가격을 올렸습니다. 이로 인해 석유 자원이 원활하게 공급되지 못하고 생산에 문제가 생기면서 물가가 상승하는 인플레이션이 일어났고, 경제가 불황에 빠졌습니다. 경기가 침체되어 있는데 동시에 물가까지 상승하는 스태그플레이션까지 연이어 일어나게 됩니다.

여기에 정부가 다양한 정책으로 시장에 개입했지만 실패하고 말았습니다. 이에 프리드리히 하이에크(Friedrich Hayek)를 비롯한 학자들은 정부의 시장 개입은 시장 규제이고, 정부의 부정부패와 무능이 시장의 효율성을 떨어뜨린다면서 시장의 자유를 다시 주장했습니다.

이들은 정부가 시장 규제를 멈추고 개인의 재산권을 보호하며, 통화정책 같은 정책 개입을 최소화해야 한다고 했습니다. 더불어 자유무역 확대를 강조합니다. 이들의 주장은 자본주의 초기처럼 개인과 시장의 '자유'를 강조한다고 해서 '신자유주의'라고 합니다.

신자유주의는 실제 여러 국가에서 정책적으로 수용되었습니다. 대표적

！ 잠깐! 더 배워봅시다

인플레이션과 스태그플레이션

인플레이션(inflation)은 물가가 지속적으로 증가하는 현상을 말한다. 주요 원인은 생산비 상승이나 총수요 증가다. 인플레이션으로 물가가 상승하면 화폐보다 실물을 소유하는 것이 더 이익이다. 그래서 현금을 보유하기보다는 부동산 구매 등을 더 선호하게 된다.

인플레이션의 반대는 디플레이션(deflation)인데, 이는 물가가 지속적으로 하락하는 현상을 말한다. 인플레이션과 반대로 물가가 하락하면 화폐보다 실물을 소유하는 것이 손해다. 부동산 등을 가진 사람은 재산이 하락하는 경험을 하게 되며, 현금으로 재산을 소유하려는 경향이 생긴다.

스태그플레이션(stagflation)은 흔히 '경기 침체'를 뜻하는 스태그네이션(stagnation)과 인플레이션(inflation)의 합성어로, 경기 침체 상황에서 인플레이션이 생기는 것을 말한다. 일반적으로 인플레이션은 경기가 호황일 때 나타나는데, 스태그플레이션은 경기가 침체되어도 물가 상승이 계속된다. 경기가 나빠져서 돈이 없는데도 물가가 계속 올라가므로 사회 구성원들, 특히 경제적 약자가 고통받는다.

으로 미국 레이건 대통령이 행한 '레이거노믹스(Reaganomics)', 영국의 대처 수상의 '대처리즘(Thatcherism)'이 그것입니다. 이들은 시장에 개입한 정부 정책을 폐지하고 공기업의 민영화, 성과급제를 도입했으며 자유무역 정책을 강조했습니다.

여기에 사회주의 정책을 고수하던 구소련이 망하고 중국도 자본주의 체제를 일부 받아들이면서, 신자유주의 주장은 더욱 힘을 얻었습니다. 또한 자유무역을 강조하면서 세계 경제는 세계무역기구(WTO) 체제로 전환됩니다.

그러나 신자유주의는 '20 대 80 사회', 즉 사회 구성원의 20%가 80%의 부를 차지한다는 극심한 빈부격차의 원인이 되었다는 지적을 받기도 합니다. 세계무역기구를 중심으로 하는 자유무역 역시 국가 간에 빈부격차를 강화하면서 과거 제국주의를 되살려냈다는 비판을 받습니다. 더구나 21세기 들어 미국의 월스트리트에서 새로운 금융 위기가 도래하자 신자유주의가 새로운 자본주의의 위기를 불러온다는 비판도 있습니다.

자본주의 사회에 살고 있는 우리, 앞으로 자본주의는 어떤 역사를 만들어낼까요? 그 속에서 우리는 어떤 영향을 받게 될까요?

조사 활동 **자본주의의 발달 과정 속에서 역사적 명장면 선택하기**

1. 자본주의의 변천에서 큰 의미를 가지는 중요한 역사적 장면을 인터넷에서 찾아본다.

2. 그 장면이 왜 역사적 장면인지를 생각하고, 관련된 사건을 정리한다.

3. 자본주의 발달 과정을 정리하면서 자신이 찾은 명장면을 중심으로 연대 기를 만들어 보고서를 작성한다.

제작 활동 **자본주의의 장단점에 대하여 개념도 그리기**

1. 자본주의의 변화와 관련하여 다양한 단어나 개념들을 나열해본다.

2. 나열한 단어와 개념을 바탕으로 자본주의의 장점과 단점을 정리한다.

3. B4 용지에 자본주의를 가운데 놓고 이를 중심으로 장점과 단점을 구분하 여 개념도를 그린다.

2 시장경제를 움직이는 다양한 요소들

(!) 합리적 선택, 기회비용, 매몰비용, 시장실패, 불완전 경쟁, 공공재, 외부효과, 빈부격차, 경제 주체

질문 1. 비싼 공정무역 초콜릿과 싼 일반 초콜릿 중 무엇을 살까?

질문 2. 서울에서 광주로 갈 때 버스, KTX, 비행기 중 무엇을 탈까?

질문 3. 대학교 경찰행정학과 3학년생이 경찰공무원 시험에 합격했다면 졸업할 때까지 대학을 다녀야 할까, 중퇴해야 할까?

질문 4. 왕복 2시간 정도 거리에 있는 전자매장에서 2만 원짜리 무료 쿠폰을 준다는데 조만간 내가 전자제품을 살 생각이라면 그 매장에 가야 하나, 말아야 하나?

질문 5. 나는 클래식 음악을 싫어하지만 친구가 클래식 콘서트 입장권을 주었다면 공짜이니 가야 할까?

질문 6. 영화관에서 영화를 보는데 너무 재미가 없어서 지루하다. 계속 봐야 할까, 아니면 나와서 다른 일을 할까?

우리는 일상생활에서 많은 선택을 합니다. 그런데 어떤 것을 선택한다는 것은, 즉 다른 것을 포기한다는 뜻입니다. 앞의 사례에서는 포기해야 하는 것을 하나나 둘 정도만 제시했는데, 하나를 선택하려면 여러 가지를 포기해야 하는 경우도 많이 있습니다.

질문마다 선택할 때 포기해야 하는 것이 어떤 경우는 돈과 직접적인 관련이 있고, 어떤 경우는 돈과는 별로 관련이 없어 보일 것입니다. 그런데 경제학에서는 이 모든 선택에는 돈을 포함한 다양한 가치가 개입되어 있고, 이런 가치들을 잘 고려하여 합리적으로 선택해야 한다고 합니다.

어떤 것을 선택하고, 어떤 것을 포기할까?

'합리적 선택'이란 주어진 상황에서 여러 가지 안을 놓고 각각 들어가는 비용과 얻는 편익을 비교해서, 가장 편익이 높은 것을 선택하는 것을 말합니다. 단순히 하나의 대안만 고려하는 게 아니라 포기한 선택에 따른 결과까지 비교하는 것이지요. 이것이 '기회비용'을 고려한 선택입니다. 기회비용은 어떤 선택을 함으로써 포기한 다른 대안 중에서 가장 가치가 큰 것 혹은 그 대안의 가치를 말합니다.

질문 1의 사례를 볼까요? 비용은 초콜릿 값입니다. 편익은 만족감이라고 합시다. 동일한 크기의 보통 초콜릿 가격은 1,000원입니다. 이 초콜릿은 맛은 좋지만 공정무역 초콜릿을 사지 않았다는 마음의 부담을 고려하여 만족감을 1000이라고 합시다. 반면에 공정무역 초콜릿은 1,500원이고, 맛도 좋고 착한 소비를 했다는 만족감까지 합하여 2000의 만족감을 갖는다고 칩시다. 이 경우에 어느 초콜릿을 사는 것이 합리적인 선택일까요?

두 초콜릿의 가격을 모두 3,000원으로 조정해서 비교해볼까요? 이때 일반 초콜릿의 만족감은 3000이고, 공정무역 초콜릿의 만족감은 4000이 될 것입니다. 그러므로 공정무역 초콜릿을 사는 것이 합리적 선택이라고 할 수 있습니다. 공정무역 초콜릿을 선택하면 일반 초콜릿을 선택할 때의 만족감 3000이 기회비용입니다. 일반 초콜릿을 선택하면 공정무역 초콜릿을 선택할 때의 만족감 4000이 기회비용이고요. 그러므로 기회비용이 적은 공정무역 초콜릿을 사는 것이 합리적인 선택입니다.

질문 2와 질문 3의 사례에서도 질문 1처럼 여러 대안 중 하나를 선택할 때 기회비용을 고려할 수 있습니다.

그러나 질문 4의 사례는 어떤가요? 2만 원짜리 무료 쿠폰은 정말로 공짜일까요? 그곳까지 가는 데 왕복 2시간이 걸리고 대기하는 시간까지 합쳐서 3시간 걸렸다고 합시다. 그런데 그 시간에 아르바이트로 3시간 일하면 2만 1,000원을 받을 수 있다고 해봅시다. 그렇다면 무료 쿠폰을 선택하면 3시간에 2만 원을, 아르바이트를 선택하면 3시간에 2만 1,000원의 가치를 누릴 수 있습니다. 따라서 무료 쿠폰의 기회비용은 2만 1,000원이고 아르바이트의 기회비용은 2만 원이니, 아르바이트를 하는 것이 합리적 선택입니다. 만약에 내가 아르바이트를 해서 1만 5,000원을 받는다면 무료 쿠폰을 받으러 가는 것이 나은 선택일 테고요.

이러한 방식은 질문 5의 사례에도 적용할 수 있습니다. 내가 공연을 보러 갈 시간에 다른 일을 할 경우 얻는 가치를 고려해보는 것이지요. 그렇게 보면 경제학적으로 '세상에 공짜는 절대로 없는 것'입니다.

질문 6의 경우는 이미 값을 지불했기 때문에 다른 경우와 조금 다릅니다. 이럴 땐 어떻게 하는 편이 합리적 선택일까요? 표 값을 치렀으니 끝까지 보는 것이 이익이라고 생각할 수도 있겠지만 만족이 없다면 이미 지불한 돈의 가치는 포기하고 그 시간에 다른 일을 해서 만족감을 얻는 것이 경제적으로 합리적인 선택입니다.

이때 이미 지불하여 회수 불가능한 가치를 '매몰비용'이라고 하는데, 합리적 선택에서는 매몰비용을 생각하지 않는 편이 낫다고 봅니다.

보이지 않는 손이 제대로 작동하지 못한다면?

기업 역시 합리적 선택을 고민합니다. 기업도 무엇을 어떻게 생산하여 분배할 것인가 같은 경제적 선택에 직면하게 되고, 이럴 때마다 비용과 편익을 고려하여 합리적 선택을 해야 하니까요.

달리 생각하면, 모두가 합리적인 선택을 해야 시장경제가 잘 기능한다는 뜻이겠지요. 문제는 경제 주체들, 즉 가계(개인)나 기업이 늘 합리적인 선택만 하지는 않는다는 것입니다. 개인이나 기업이 합리적 선택을 할지라도 시장경제가 효율성이 떨어지는 경우도 있고요.

예를 들어볼까요. 시장에서는 수요와 공급이 일치하는 것이 가장 효율적인데, 실제로는 수요가 더 많거나 공급이 더 많은 경우가 발생합니다. 이러면 자원이 효율적으로 배분되지 못하는 상태가 되는데, 이는 '보이지 않는 손'인 시장이 제대로 작동하지 못한다는 뜻입니다. 이를 '시장실패'라고 합니다. 시장실패는 어떤 경우에 발생할까요?

완전 경쟁 시장에서는 공급하는 기업의 수도 많고 소비자도 많습니다. 공급자가 많기 때문에 특정 기업이 시장에 미치는 영향력이 거의 없어서 수요와 공급에 의해 가격이 잘 조정됩니다. 어떤 기업에서 상품 가격을 올리더라도 소비자는 무수히 많은 기업들의 상품들 가운데 더 싼 상품을 선택할 수 있어서 가격이 자동으로 조정되기 때문입니다.

그런데 공급자가 하나만 있는 독점시장이나 아주 소수인 과점시장에서는 시장에 미치는 기업의 영향력이 큽니다. 우리나라 휴대전화 시장 역시 몇몇 기업이 공급하는 과점시장입니다. 만약에 이들 회사가 휴대전화 수요에 비해 공급을 적게 하면 어떤 일이 벌어질까요? 혹은 휴대전화 회사들이 담합하여 공급을 줄이고 가격을 올리기로 한다면요? 그러면 휴대전화를 적게 공급해도 비싸게 팔 수 있으니 기업 이윤은 늘지만, 사회에는 휴대전화 공급이 줄어서 자원이 비효율적으로 배분됩니다.

국방, 소방, 치안이나 도로, 항공 시설 같은 것은 개인들이 비용을 치르고 사용하는 '사적재'가 아닙니다. 많은 사람들이 공동으로 사용하는 '공공재'이지요.

공공재는 사적재와 달리 소비한다고 사라지지 않습니다. 예를 들어 학교 매점에서 단팥빵을 100개 판매하는데 100명이 하나씩 사버리면 단팥빵은 동이 납니다. 단팥빵은 사적재이니까요. 그런데 내가 어떤 도로를 이용한다고 해서 도로가 없어지지는 않습니다. 도로는 공공재이기 때문이지요.

공공재는 공급이 되면 대가를 지불하지 않고 사용하는 '무임승차'를 막기 어렵다는 특성이 있습니다. 예를 들어 어느 지역의 일부 시민이 비용을 지불하고 치안 서비스를 사는 경우를 생각해봅시다. 치안 서비스를 공급하면 비용을 지불하지 않은 그 지역의 다른 사람들도 덩달아 그 치안을 누립니다. 그렇다고 그들에게 치안을 누리는 비용을 부담하라고 할 수는 없습니다.

공공재의 이러한 특징 때문에 공공재에 대한 요구는 높지만 소비자는 이를 사용하는 데 돈을 내려고는 하지 않습니다. 지금 당장 경찰이나 군대가 사라지면 안전이 위협받고 두려움을 느끼겠지요. 그래도 대다수 개인들은 자신의 돈을 들여 경찰이나 군대를 배치하지 않을 것입니다. 따라서 공공재에 대한 수요가 높더라도 기업은 공공재를 공급하려 하지 않습니다. 결국 시장에서는 공공재를 효율적으로 제공하는 것이 어렵습니다.

시장실패 원인 ❸ '외부효과'는 수요를 고려한 적정한 공급을 어렵게 한다

외부효과란 어떤 경제 주체의 선택이 의도하지 않게 다른 경제 주체에게 이익이나 손해를 끼치는 효과를 말합니다. 이때 좋은 영향을 미쳐서 이익을 주고도 그에 적합한 보상을 받지 않는 경우를 '외부경제'라고 합니다.

예를 들어 사과 과수원을 하는 사람이 사과나무를 더 심으면 이웃 양봉업자는 꿀을 더 많이 얻을 수 있습니다. 그렇다고 과수원 주인에게 돈을 지불하지는 않을 것입니다. 그리고 양봉 공급은 적정 수준보다 더 많아질 수 있지요. 반대로 과수원 옆으로 양봉업자가 이주해오게 되면 과

수원도 벌의 노력으로 더 많은 열매를 맺는 이익을 볼 수 있습니다. 이 또한 외부경제가 됩니다.

반면 나쁜 영향을 미쳐서 손해를 입었지만 적합한 보상을 받지 않는

❗ 잠깐! 더 배워봅시다

빈부격차와 시장실패

시장경제에서 나타나는 빈부격차 문제가 심각해지고 있다. 하지만 사실 시장경제는 개인의 자유로운 활동을 통한 자원의 효율적인 배분을 강조할 뿐, 분배의 공정성에는 관심을 두지 않는다.

시장경제에서는 생산에 기여한 정도에 따라 분배받기 때문에 시장이 제대로 작동한다면 분배가 공정하게 이루어진다고 본다. 즉 시장 원리에 따라 개인이 투입한 노력만큼 적절한 대가를 받게 되는 데서 분배의 공정성을 찾는 것이다. 이 주장에 따르면 생산에 투자한 부가 다르고 이에 따라 소득의 차이가 나타나기 때문에 소득 차이는 공정한 결과다.

그러나 시장경제의 문제점을 주장하는 사람들은 시장에서 이루어지는 분배가 공정하지 않다고 본다. 시장경제에서 개인의 자유를 강조할수록 지배력이 강한 사람들은 더 많은 이익을 얻기 때문에 공정한 분배가 이루어지지 않는다는 것이다.

이들은 빈부격차를 심각한 문제로 보고 해결하기 위해 노력하는 것이 시장경제에도 이익이라고 주장한다. 사람들이 빈부격차로 인해 사회에 불만을 가지면 경제활동에도 부정적인 영향을 미치고, 결국 효율성이 떨어져서 시장경제로 이익을 보는 사람들마저 손해를 본다는 것이다. 즉 빈부격차가 시장실패는 아니지만, 이로 인해 시장의 효율적인 작동에 부정적인 영향을 미칠 수 있다는 뜻이다.

경우를 '외부불경제'라고 합니다. 예를 들어 어떤 기업이 오염물질을 배출하여 강이 오염되었다고 칩시다. 강가에서 매운탕을 팔던 식당은 손님이 찾지 않아 손해를 보겠지만 보상을 받지는 못합니다. 그러면 매운탕 공급은 적정 수준보다 적어집니다.

이처럼 외부효과는 수요를 고려한 적정한 공급을 어렵게 만들어서, 자원을 효율적으로 제공하는 데 장애가 됩니다.

시장경제를 움직이는 경제 주체들의 역할

경제 주체로는 가계·기업·정부가 있습니다. 이들은 시장에서 다양한 역할을 합니다. 각각 어떤 역할을 하는지 살펴볼까요?

정부 시장경제의 원활한 작동을 위한 제도와 정책을 마련한다

정부는 시장에서 자원이 효율적으로 배분되도록 노력합니다.

이를 위해, 첫째, 독·과점시장으로 인한 문제를 해결합니다. 휴대전화 회사 간의 담합을 막고 요금을 조정하여 가격을 내리는 것처럼, 독·과점 기업의 영향력을 줄이기 위해 노력합니다. 또한 기업 간의 불공정 거래를 막습니다. 대기업이 자회사에 일감을 몰아주지 못하게 막고, 다른 중소기업도 시장에 진입할 수 있게 하는 것이 그 예입니다.

둘째, 외부효과를 해결하기 위해 노력합니다. 외부경제 사례에서는 세제(稅制)나 보조금 등의 혜택을 주어 자원이 효율적으로 배분되도록 합니다. 친환경 자동차를 사는 사람에게 장려금을 주어 소비를 늘리기도

하지요. 외부불경제의 경우에는 세제를 개편하거나 벌금 등 불이익을 주어 자원이 효율적으로 배분되도록 합니다. 강 상류에 오염물질을 배출한 기업에 벌금을 물리고, 이산화탄소를 많이 발생시키는 차 소유주에게는 세금을 더 부과하는 식입니다.

셋째, 공공재 생산을 통해 자원을 효율적으로 배분합니다. 국방, 치안, 공원, 도로, 기상 정보 등을 정부가 직접 제공함으로써 공공재의 시장실패를 막으려 합니다.

넷째, 빈부격차가 사회적 효율성을 떨어뜨리지 않도록 누진세, 사회복지 제도 등 소득 재분배 정책을 실시합니다.

기업 이윤 추구와 함께 사회적 책임도 고려해야 한다

기업은 생산을 통해 이윤을 극대화하는 것을 목적으로 합니다. 시장에서 선택받기 위해서는 수요자의 요구를 고려하여 소비자의 만족을 높이는 제품을 개발하고 이를 제공하는 방법을 찾아야 합니다. 필요한 경우에 기업은 위험과 불확실성을 무릅쓰고 기업가 정신을 발휘하여 혁신을 해야 합니다. '혁신'은 오늘날 기업에서 매우 중요한 가치입니다.

인터넷을 기반으로 하는 지식정보사회로의 변화에 대비하지 못해서 사라지는 기업이 얼마나 많은가요. 핀란드의 기업인 노키아는 세계 휴대전화 시장에서 오랜 기간 업계 1위를 이어왔습니다. 그러나 애플이 아이폰을 내놓으면서 급변하는 시장에 대응하지 못했기 때문에, 즉 수요자의 요구를 반영하지 못했기 때문에 휴대전화 생산을 접었습니다.

노키아가 세계적인 기업이었을 때는 엄청난 이윤을 낼 뿐 아니라 핀란드 경제 성장에도 큰 영향을 주었습니다. 전성기 무렵 노키아는 당시 핀란드 국민총생산*의 5분의 1 이상을 차지했고, 수많은 노동자를 고용하여 실업을 줄이고, 가계 소득 증가에 큰 역할을 했습니다. 이를 보면 기업은 이윤을 창출하는 것 이외에 다양한 측면에서 사회적 역할과 책임을 한다고 할 수 있지요.

최근에는 기업의 이런 사회적 역할과 윤리성을 더 많이 강조하는 경향을 보입니다. 생산 과정에서 다른 기업과 공정한 경쟁을 하되, 사회적으로는 환경보호 등의 역할을 해야 하는 것입니다.

더불어 기업에서 일하는 노동자들의 권리 보장도 중요합니다. 노동은 사람이 하는 일이므로 인간과 노동을 완전히 분리하기가 어렵습니다. 그러나 시장경제에서 노동을 거래 대상으로 보며, 노동을 제공하는 인간마저 상품처럼 취급하는 일이 많아지고 있습니다.

기업의 회장이 운전사에게 욕을 하고 그 사실을 무마하기 위해 돈을 주는 것도 인간을 상품으로 보았기 때문일 것입니다. 생산성이 떨어진다는 이유로 직원을 너무 쉽게 해고하는 것도 한 인간을 상품으로 보기 때문일 테고요. 그러므로 노동자의 권리를 보장하라는 것은 노동자를 상품이 아니라 인간으로 봐달라는 것입니다.

기업은 또한 상품을 소비하는 사람들의 안전을 위해서도 노력해야 합니다. 최근 문제가 되었던 '가습기 살균제'의 경우를 봅시다. 기업은 제품이 유해하다는 것을 알고도 생산하고 판매하였습니다. 브랜드를 믿고 제품을 소비한 사람들 중 일부는 죽음에까지 이르렀고요.

소비자의 안전은 기업의 기본적인 책임이어야 합니다. 이러한 책임을 정

◆ 국민총생산(GNP, Gross National Product) 한 국가의 국민들이 1년 동안 국내 또는 국외에서 생산한 모든 재화와 서비스의 시장 가치를 합한 값을 말한다.

책으로 만들기 위해 기업이 불법행위로 얻은 이익보다 더 많은 금액을 보상하게 하거나 과징금을 물리는 징벌적 손해보상 제도를 도입하자는 사회적 논의도 있습니다. 그만큼 이 부분에 대한 기업의 역할이 중요하다는 것입니다.

기업은 이윤을 추구하는 집단이니 도덕적인 행위까지 요구하기는 어려울지 몰라도, 기업 또한 사회 구성원이라는 점은 분명합니다. 그러므로 최소한으로 지켜야 할 도덕과 가치는 분명히 존재합니다.

최근에는 이윤 추구보다 사회적 역할을 더 강조한 기업이 나타나고 있습니다. 사회적 책임을 1차적 목적으로 삼은 '사회적기업'입니다. 사회적 기업은 보통 기업과 달리 취약계층을 위한 일자리를 마련하고, 삶의 질을 높이거나 환경보호를 강조하는 상품 등을 생산하기도 합니다. 이처럼 사회적 필요를 채우고, 사회복지를 증진하고자 하는 목적을 이윤 추구보다 더 강조합니다.

가계 ❶ 노동자 노동자로서 생산 과정에 대한 책임과 권리를 가진다

노동자는 노동을 제공하고 그에 대한 대가로 소득을 얻습니다. 또한 노동은 사회적으로 직업을 갖는 것이며, 노동함으로써 그에 대한 세금을 내는 등 사회 구성원으로서 역할도 하게 됩니다.

노동자는 근로계약을 통해서 일정한 책임과 함께 권리도 갖습니다. 우선 정해진 근로 시간에 최선을 다해서 주어진 업무를 성실히 수행해야 합니다. 자신의 노동이 소비자에게 재화나 서비스로 제공됨을 알고 소비자의 만족을 위해 노력해야 합니다. 이를 위해 자기계발도 지속해야 하지요. 과거에는 평생 같은 직장에서 일하는 것이 가능했지만, 시대가 변하

여 직장을 옮길 가능성이 높아졌습니다. 그러므로 노동자로서 경쟁력을 갖추기 위한 노력도 필요합니다.

노동자로서의 권리는 무엇이며 어떻게 누려야 할까요? 기업의 역할에서도 살펴보았듯이 노동자는 노동을 제공하는 것이지 나의 전인격적인 삶을 제공하는 것이 아닙니다. 그러므로 노동 과정에서도 나의 인격과 인간다움을 유지하기 위한 권리를 알고 누려야 합니다. 기본적으로 노동 3권(단결권·단체교섭권·단체행동권)을 보장받아야 하며, 인간다운 삶을 위한 적정임금과 최저임금도 보장받아야 합니다.

노동자의 권리는 단순히 생산자(기업)에게서만 보호받는 것은 아닙니다. 소비자로부터도 보호받아야 합니다. 감정 노동자들, 대표적으로 다양한 언어폭력에 노출되는 콜센터 직원과 같은 노동자들도 보호가 필요하고, 그러자면 기업이 나서야 하지요.

2017년부터 몇몇 기업 콜센터에서는 언어폭력을 행하는 소비자의 전화를 응대할 때 "고객님, 지속적으로 욕설을 하시면 통화가 종료될 수 있습니다"라며 콜센터 직원이 먼저 전화를 끊을 수 있는 권리를 갖게 했습니다. 이후에 언어폭력이 많이 줄었다고 합니다.[1]

노동자도 한 인간임을 기억하고 권리를 누리는 것. 꼭 필요한 일입니다.

가계 ❷ 소비자 소비자로서 합리적 선택을 하고, 그 선택의 영향도 생각해야 한다

개인은 노동자이자 소비자입니다. 소비자는 합리적 선택을 함으로써 좋은 상품을 만든 기업은 선택받고 그렇지 않은 기업은 도태되게 하여 자원이 효율적으로 배분되게 할 수 있습니다.

인터넷에서 물건을 살 때 혹시 가격비교를 하나요? 우리가 사려는 물

건 가격을 충분히 비교하고 정보를 파악하기는 쉽지 않습니다. 그래서 소비자는 합리적인 선택을 하기 어려운 상황에 자주 맞닥뜨립니다. 오프라인에서는 합리적 소비를 위해서 발품을 팔아야 하는데, 그래도 충분한 정보를 얻지 못하고 '호갱님'이 되는 경우도 많지요. 이런 소비자들이 도움을 받을 수 있는 방법이 몇 가지 있습니다.

먼저 한국소비자원 등에서는 제품 정보는 물론이고 소비자의 권리를 침해받았을 경우에 구제받는 방법을 안내합니다. 방송이나 인터넷 사이트에서 상품 정보를 살펴보고 선택하는 방법도 있고요. 이 방법이 더 좋은 효과를 보려면 소비자가 제대로 된 상품평을 올리거나 입소문을 내어서 서로에게 도움을 되는 품평 공동체를 유지할 필요가 있습니다.

소비자는 상품을 파는 기업이나 노동자를 존중하는 태도도 필요합니다. 사전 예약을 하고도 이를 고지 없이 파기하는 노쇼(no-show)는 기업의 운영을 어렵게 할 뿐만 아니라 다른 소비자의 기회마저 막을 수 있다는 점에서도 문제가 됩니다. 병원에 검사 예약을 하고도 가지 않는다면 급박한 환자의 검사 기회를 뺏는 꼴이 되지요.

생산 지역의 환경이나 노동자의 권리를 보호하는 소비를 할 필요도 있습니다. 그것이 바로 '윤리적 소비'입니다. 조금 더 비용을 지불하거나 불편을 감수하더라도 생산에 참여한 사람들의 권리와 환경, 안전 등을 고려하는 것입니다. 이런 노력이 중요한 이유는 결국 대다수가 소비자로 살아가기 때문입니다.

토론 활동 **공공재 생산의 민영화에 대해 토론하기**

1. 공항 운영, 전기 공급 등 우리 사회에서 볼 수 있는 공공재의 민영화 방안에 대한 내용들을 조사한다.

2. 공공재 생산의 민영화에 대한 찬성과 반대 의견을 나눈다.

3. 찬반토론 후 그 내용을 바탕으로 자신의 주장을 정리한 보고서를 만든다.

정책 활동 **외부불경제를 적용하여 아파트 층간소음 해결책 찾기**

1. 외부불경제의 개념을 고려하여 아파트 층간소음이 외부불경제인 이유를 설명해본다. (비행기 소음 등 다른 사례의 해결 방안을 살펴보아도 된다.)

2. 이 문제에 정부가 개입하여 해결 방안을 모색할 경우에 제시할 수 있는 정책을 고려해본다.

3. 자신이 제시한 정책이 현실적으로 운영될지 평가해본다.

제안 활동 **일하기 좋은 회사 만들기**

1. 일하기 좋은 회사의 조건 5가지와 그 이유를 적어본다.

2. 조건에 가까운 회사를 찾아서 그 회사를 소개한다.

3. 자신이 창업을 하거나 취업을 할 경우에 그런 회사를 만들기 위해 어떤 노력을 해야 하는지 제안해본다.

3 왜 세계는 무역을 하는가?

(!) 절대우위, 비교우위, 무역, 교환, 국제분업, WTO, FTA

지금은 시안이라 불리는 옛 중국 당나라의 수도 장안에 가면, 독특한 이슬람 사원을 볼 수 있습니다. 이슬람 사원은 중앙에 돔이 있고, 미나래라고 불리는 첨탑 기둥이 둘러싸는 형태가 일반적입니다. 그런데 시안에 있는 이슬람 사원인 '청진사(淸眞寺)'는 그 이름처럼 절과 비슷한 느낌입니다.

사람들은 비단길의 시작이자 끝인 이곳에 왜 이슬람 사원이 있는지 궁금해합니다. 왜일까요? 아마 과거 비단길을 통해 이곳으로 들어와 물건을 사고팔며 장기간 거주한 이슬람 상인을 위해서 지었을 것입니다.

비단길은 중국과 아시아, 그리고 지중해를 연결하는 길입니다. 이 길을 통해 이슬람 상인들은 고국에서 생산되지 않는 진귀한 물품을 자신이 들고 온 것과 교환했습니다. 서로가 필요한 것, 자기에게 없는 것을 교환했지요. 그런데 요즘은 우리나라에서 만들 수 있는 것도 수입하는 경우를 볼 수 있습니다.

외국에서 들여오는 물건이 다양하다 보니, 우리는 대부분 외국산 물건에 의존해서 살아가고 있습니다. 과거에는 '국산 제품만으로 살기'가 가능했지만 현재는 불가능에 가깝습니다. 왜 우리도 생산할 수 있는 것을 무역을 통해 들여오는 걸까요?

절대우위와 비교우위, 더 잘할 수 있는 일을 하라

방이 두 개 있는 집에서 친구와 사는 상황을 생각해보지요. 동일한 조건에서 내가 친구보다 청소와 요리를 빨리합니다. 그런데 청소는 친구가 나보다 매우 느리지만, 요리는 나보다 아주 조금 느립니다. 주말에 친구와 내가 둘 다 집에 있다면, 청소와 요리를 어떻게 나누는 게 좋을까요?

나와 친구가 각자 청소와 요리를 모두 하는 경우를 생각해봅시다. 나는 친구에 비해 시간을 적게 투자해도 됩니다. 경제에서는 이처럼 어떤 경제 주체가 다른 주체에 비해 동일한 비용을 들여 더 많이 생산하는 경우, 즉 동일한 생산을 위해서 자원이 적게 들어가는 경우를 '절대우위'에 있다고 합니다. 청소건 요리건 나보다 친구가 시간을 더 들여야 한다면 나는 청소와 요리에서 친구에 비해 절대우위에 있는 셈입니다.

그런데 이렇게 생각을 해보죠. 내가 방을 두 개 청소하고 친구가 요리를 2인분 하는 것입니다. 이 경우에 두 사람의 시간을 아낄 수 있지 않을까요? 내가 뭘 하든 시간이 덜 들긴 하지만, 하나씩 일을 맡아 나누면 시간이 훨씬 절약될 테니까요. 친구가 요리를 전담하고, 내가 청소를 전담하면 두 사람 모두 상대적으로 기회비용이 적어지는데, 이처럼 이떤 경제 주체가 다른 경제 주체와 비교하여 특정 재화에 대해 더 작은 기회비용을 들여 더 많이 생산하는 경우를 '비교우위'에 있다고 합니다. 이 경우에는 친구는 요리에서 비교우위가 있으며, 나는 청소에서 비교우위에 있다고 할 수 있지요.

절대우위와 비교우위는 국가 간에도 나타납니다. 예를 들어 A, B 두 나라가 있다고 합시다. A 나라에서 옷 한 벌의 생산 비용은 100원, 자동차 한 대의 생산 비용은 300원이고, B 나라에서 옷 생산 비용이 200원, 자동차 생산 비용이 400원이라고 칩시다.

이 경우에 A는 B와 비교하여 옷과 자동차 생산 모두에서 절대우위에 있습니다. 이 상태에서 생산할 때 비용을 살펴볼까요? A의 경우 옷 10벌, 차 10대를 생산하는 데 4,000원(옷: 1,000원 + 자동차: 3,000원)이 들고 B는 같은 수량을 생산하는 데 6,000원(옷: 2,000원 + 자동차: 4,000원)이 듭니다.

이걸 약간 다르게 생각해봅시다. A 나라에서는 자동차 1대를 더 만들기 위해서 옷 3벌을 포기하고, B 나라에서는 자동차 1대를 더 만들기 위해서 옷 2벌을 포기해야 하지요. 그러니 자동차 1대 생산에 드는 기회비용은 A 나라가 더 큽니다. 옷에도 적용하면 옷 1벌 생산에 드는 기회비용은 B 나라가 더 큽니다. 그러니 자동차 생산에서는 B 나라가, 옷 생산에서는 A 나라가 비교우위에 있습니다.

두 나라가 약속을 하여 A는 옷만, B는 자동차만 만들기로 했다고 합시다. 그러면 A는 4,000원으로 옷만 생산하여 옷 40벌을 만들고, 그중 20벌은 각 200원씩 B에 팔아서 자동차 10대(각 400원짜리)를 사올 수 있습니

재화＼국가	A 나라	B 나라
옷 1벌	●● 100원	200원
자동차 1대	● 300원	● 400원

● 절대우위 ● 비교우위

옷과 자동차를 생산하는 데 드는 비용

다. 이 경우에 A는 4,000원이라는 동일한 비용으로 옷과 자동차 모두를 만들었을 때보다 옷 10벌을 더 얻게 되는 것입니다.

또한 B는 6,000원으로 자동차를 15대를 만들어, 그중 5대를 각 300원씩 A에 팔더라도 그 대신 옷을 15벌(각 100원짜리) 사올 수 있습니다. 이 경우에 B는 동일한 비용을 들이고도 옷을 5벌 더 얻게 됩니다.

이렇듯 두 나라 모두 비교우위에 있는 것을 생산하여 무역을 하면 동일한 비용을 들이고도 더 많이 소비할 수 있게 됩니다. 양쪽 모두에 이익인 셈입니다.

각 나라가 잘하는 일을 '분업'하다

나라마다 비교우위가 달리 나타나는 이유는 무엇일까요? 그것은 자연환경과 인문환경이 다르다 보니 자원, 노동, 자본 등의 생산요소에서 차이가 나서 생산 비용이 다르기 때문입니다. 이를 고려하여 나라마다 비교우위가 있는 상품을 특화하여 생산하고, 그것을 필요로 하는 다른 나라와 무역을 하면 서로 이익이 발생합니다.

예를 들어 베트남은 호주에서 양모를 수입하여 싼 노동력을 활용해 옷을 만들고 여러 나라에 수출할 수 있습니다. 이렇게 되면 마치 공장에서 노동자가 특정한 업무에 전문화되듯이 여러 나라가 '분업'하여 생산하는 양상이 나타납니다. 국제분업이 일어나는 것입니다.

국제분업이 이루어지면 세계 여러 나라는 자기 나라에서 특화된 사업을 하기에 유리한 정책을 펼 것이고, 그러면 그 분야에서 비교우위가 더 강해질 것입니다. 그러나 비교우위를 가진 나라가 정책적인 노력을 하더라도 다른 나라에 비해 경쟁력이 떨어지는 경우도 있을 수 있습니다. 호주의 양모보다 뉴질랜드의 양모가 같은 값에 질이 더 좋다면 뉴질랜드 양모를 수입할 것이고 호주의 양모 경쟁력은 떨어지는 것이지요.

만약 베트남에 자본이 축적되고 반도체를 생산할 수 있는 기술이 개발된다면, 베트남은 옷이 아닌 반도체 생산으로 주력 산업을 바꿀 가능성이 높습니다. 기술 개발이나 자본 축적으로 노동력의 가치가 올라가면, 노동 집약적인 상품보다는 기술 집약적인 상품 생산으로 전환해야 경쟁력이 생기기 때문입니다.

국내에서 기업이 혁신을 통해 경쟁력을 가지려는 것처럼, 국제 경제에서 국가들도 경쟁력을 유지하기 위해 다양한 노력을 합니다. 그런데 국제무역에서는 국내 거래와 몇 가지 다른점이 있어서 어려움을 겪는 경우가 있습니다.

첫째, 서로 다른 화폐를 사용한다는 점입니다. 우리나라는 미국과 무역을 할 때 미국 달러를 사용합니다. 우리나라 원화 대비 달러화 가격은 일정하지 않고 늘 변하기 때문에 같은 상품을 수입하거나 수출하더라도 환율 차이로 인해 이익이 달라집니다.

둘째, 무역에서 자원이나 상품만이 아니라 자본도 교환된다는 점입니다. 이 경우에는 상황이 나쁘다고 한꺼번에 자본을 빼가거나 투기를 하면 경제 불안을 야기할 수 있습니다.

예를 들어 국내의 우량한 회사의 주식에 미국인들이 달러로 투자를 했다고 칩시다. 그런데 주식 가격이 웬만큼 올랐다고 판단한 투자자들이 한꺼번에 자금을 달러로 가져가버리면 그것이 환율에 영향을 미쳐서 우리 경제에 불안 요소가 됩니다. 1990년대 말 우리나라 IMF 외환위기도 이런 점과 관련이 있었습니다.

셋째, 나라와 나라 간의 무역에서는 국내 시장과 달리 예측하기 어려운 상황이 발생하곤 합니다. 해당 국가의 화폐 가치가 급격하게 변하거나 지진 같은 자연재해가 일어나는 등 예측이 어려운 상황에서 손해나 이익을 보기도 합니다. 그러다 보니 다른 나라의 자연재해에 대해 인류애적으로 걱정하고 위로하기보다 그로 인한 시장 변화 등 경제 상황을 더 걱정하는 양상이 나타나기도 합니다.

경제를 활성화시키고 선택의 폭을 넓혀주는 무역

최근에 먹은 과일을 떠올려보세요. 혹시 바나나, 망고, 파인애플, 오렌지 중 한 가지라도 있나요? 이 과일들은 열대과일이어서 우리나라에서 생산되지 않습니다. 그런데도 먹을 수 있는 것은 무역 덕분이죠. 어떤 친구는 과거 외국에 나가야 살 수 있었던 화장품을 이제 국내에서도 싸게 살 수 있어 좋아하더군요. 무역을 하면 외국에 직접 가지 않더라도 자신이 선호하는 물품을 구매할 수 있다는 장점이 있습니다.

외국 상품이 많이 들어오면 시장에 공급이 늘어나서 가격이 내려가기 때문에 소비자로서는 상품을 싼값에 구매할 수 있고 서비스도 좋아지는 이점이 있습니다. 또한 기업은 외국 상품과 경쟁하기 위해서 좋은 상품을 만들기 위한 노력을 하고, 이로써 경쟁력을 갖추게 됩니다. 국내 자동차 회사가 외국산 자동차가 수입되기 전보다 가격 대비 품질 좋은 자동차를 생산하고, 애프터서비스에 더 많이 신경을 쓰는 것도 이 때문입니다.

기업은 상품을 생산하는 데 필요한 원료를 다른 나라에서 싸게 구입하여 경쟁력을 높이기도 합니다. 예를 들어 어떤 기업이 전기차를 생산하려는데 국내에서 구리를 생산할 수 없다고 합시다. 구리 전선을 만들 수 없거나 다른 나라에서 비싼 가격에 구리를 수입해야 한다면 전기차 생산에 차질이 생길 것입니다. 그런데 무역을 통해 적은 비용으로 구리를 수입할 수 있다면 전기차 생산에 경쟁력을 갖겠지요. 이를 통해 새로운 시장을 개척하여 기업은 성장하게 될 테고요.

또한 기업은 무역을 통해 다른 나라의 선진 기술을 배우기도 합니다. 우리나라 텔레비전 프로그램 포맷을 수입한 몇몇 아시아 나라들이 있습니다. 우리나라 제작자들은 직접 가서 기술을 전수했고, 해당 나라의 방송 제작 기술은 그만큼 발전할 수 있는 기회가 생긴 것이지요.

국가적 차원에서도 무역이 가져오는 좋은 점이 있습니다. 우선 무역은 국가 이미지 개선 효과를 내기도 합니다. 우리나라의 경우 드라마와 케이팝 같은 한류 상품이 외국에 판매되면서 한국에 대한 이미지가 개선되었습니다. 촬영지를 찾아서 관광을 오는 외국인을 상대로 연계 상품을 판매할 수도 있습니다.

또한 무역은 국가 경제를 활성화시켜서 일자리를 늘리고, 경제 성장을 가져오기도 합니다. 2017년 미국이 우리나라와 FTA 협상 조건을 조정하자고 요청할 때, 우리나라는 FTA를 통해 서로 간에 무역이 증가하면서 실제적으로 두 나라 모두 경제 성장에 도움을 받았다는 것을 통계 자료로 제시하기도 했습니다.

무역, 꼭 긍정적이기만 한 것일까?

앞에서 살펴본 것처럼 무역에는 다양한 화폐가 개입하고 여러 나라의 문화와 정책이 서로 얽혀 있어 긍정적인 측면 이외에 부정적인 측면도 있습니다.

우선 외국의 상품이 싼값의 대체재가 되면 자국 산업이 경쟁력을 잃게 됩니다. 미국의 오렌지, 칠레의 포도 등으로 인해 우리나라 귤, 포도 생산 농가가 어려움에 처한 것이 그 예입니다. 쌀이나 밀 같은 필수 식량 자원의 경우에는 더 큰 문제가 생기기도 합니다.

필리핀은 쌀 이모작이 가능한 쌀 수출 국가였지만, 쌀을 수입하기 시작하자 쌀 가격이 내려가 농업에서 경쟁력을 잃었습니다. 농사를 그만두고 다른 일을 찾는 사람들이 늘어나서 쌀 생산량이 급격하게 줄었고 결국 수출국이었던 나라가 수입국이 되었지요. 필수재인 쌀의 생산을 수입에 의존하게 되면 국제적으로 쌀값이 폭등하더라도 어쩔 수 없이 사야만 하기에 경제에 미치는 영향이 이만저만이 아닙니다.

무역과 관련한 국가 간 계약으로 인해 국내 정책이 제한받기도 합니다. 예를 들어 한미 FTA가 협정되고 나서 우리나라의 어떤 지역에서는 지역 농산물로만 무상급식을 하게 하는 지역 조례를 만든 적이 있습니다. 그런데 급식 식재료를 지역 농산물로 제한하는 것은 한미 FTA 조항에 위배된다고 하여 문제가 되었습니다. 결국 '지역 농산물' 조항을 빼고 '친환경 재료'라고 표현을 고쳐야 했지요.

다른 예도 있습니다. 우리나라의 친환경 정책이나 외부경제를 고려하면 친환경 차량에 지원금을 주는 제도를 도입할 수 있습니다. 친환경 차량 구입을 지원하면 대기오염이 개선되는 외부효과가 나타날 테니까요. 그러나 이러한 제도가 한미 FTA 조항을 위배한다고 하여 꼭 필요한 제도인데도 실행하기 어렵습니다.

상대 국가의 정책 변화로 인해 경제 위기를 맞을 가능성도 있습니다. 우리나라는 중국에 대한 무역 대외 의존도가 높습니다. 그런데 2017년 사드 배치 문제 때문에 중국이 한국 상품 수입과 관광 등을 제한하여 우리 기업들이 큰 손해를 보았습니다. 우리나라 상품 경쟁력에는 변화가 없는데 상대 정부의 정책 때문에 경제가 흔들린 것입니다.

또한 세계 여러 나라가 무역으로 매우 밀접하게 연결되어 있어서 어느한 지역이나 국가에 경제적 위기가 오면 세계 전체가 위기에 처하게 된다는 문제점도 있습니다. 한 예로 2008년 미국 월스트리트의 리먼브라더스사에서 시작된 자본 위기는 지구촌 전체의 경제를 휘청거리게 했습니다. 특히 영향력이 큰 미국이나 중국에서 경제적 위기가 오면 세계 경제가 악화될 가능성이 더 높습니다. 이 두 나라에 경제 의존도가 높은 우리나라

FTA와 WTO, 무엇이 다를까?

FTA는 '자유무역협정(Free Trade Agreement)'의 영문 약어이다. 국가와 국가, 국가와 지역, 양자 혹은 다자 간 무역 장벽을 철폐하고 무역을 활성화하기 위해 체결하는 특혜 무역 협정이다. 대부분 정부 간에 협정을 맺고 국회의 비준을 받기에 국내법과 같은 효용을 갖는다.

FTA를 맺은 나라들끼리는 무관세나 비교적 낮은 관세를 적용하고 비교우위가 있는 상품의 교환을 강조하여 서로의 시장 확대 효과를 가지는 장점이 있다. 그러나 협정 내용에 따라 경쟁력이 약한 산업이 쇠락하는 경우도 있다. 우리나라의 경우 미국 쌀에 비해 우리나라 쌀의 가격 경쟁력이 떨어지기에 미국과 FTA를 맺을 때 협상 대상 품목에서 쌀을 빼기도 했다. 그 대신 미국에 유리한 부분에 대해서는 양보를 해야 했다.

WTO는 '세계무역기구(World Trade Organization)'의 영문 약어이다. 국가 간의 교역을 증진하기 위해 1995년에 출범한 국제기구로, 무역에서 생기는 회원국 간의 관세 인하 요구나 분쟁 조정 등에서 법적 권한과 구속력을 가지고 있다. WTO는 가입한 모든 회원국에게 서로 간에 혜택을 주는 다자주의를 채택하고 있다. 그런데 FTA를 통해 양국 간 협정을 맺은 경우에는 FTA 조건이 WTO 조건보다 우선 적용된다. 이는 WTO가 FTA를 예외로 보기 때문이다.

학급 전체에 적용되는 '친구끼리 지켜야 할 일'이 WTO라면, 어릴 때부터 친한 친구 두 명이 '더 깊은 우정을 지켜나가는 일'은 FTA라고 볼 수 있다. 그러나 국가 간에 영원한 우정이란 존재할 수 없으니 FTA도 영원히 지속된다고는 볼 수 없다. 이런 점에서 FTA가 개별 국가의 경제 발전에 도움이 되는지 냉철하게 살펴볼 필요가 있다.

에 미칠 영향은 말할 것도 없지요.

더 큰 문제는 세계화로 인해 국가 간 영향력이 강력해지면서 국가 간 빈부격차가 심해진다는 것입니다. 앞서 국제무역이 각국의 비교우위를 기반으로 국제분업을 가져와서 국가에 이윤을 남길 거라고 했지요. 그런데 현재 세계 상황을 보면 개발도상국가나 성장 기반이 없는 국가들에는 그것이 이상적인 이론에 불과함이 드러나고 있습니다.

영국의 브렉시트, 미국의 트럼프노믹스, 중국의 경제 보복 등 세계 경제와 관련된 문제들이 강대국의 정책에 좌우되는 일은 앞으로 늘어날 것입니다. 많은 선진국들이 자국 경제를 보호하는 방식으로 무역 정책을 취하면 경제적으로 체급이 약한 약소국가들이 피해를 볼 가능성이 높습니다. 무역이 세계적인 불평등을 심화시키지 않을지는 깊게 고려해봐야 하는 문제입니다.

의사결정 활동 일상에서 비교우위가 필요한 상황 찾아보기

1. 지금까지 살면서 경험한 일들 중에 비교우위를 판단하여 의사결정을 해야 하는 상황을 3가지 정도 떠올려본다.

2. 왜 그 상황에서 비교우위를 경험할 수 있는지 비교우위의 개념을 고려하여 설명한다.

3. 각 상황에서 나타나는 비교우위를 고려하여 어떤 행동이 더 합리적인지 판단하고 그 이유를 함께 제시한다.

조사 활동 신문기사에서 무역이 미치는 영향 찾아보기

1. 신문기사에서 무역의 긍정적 사례를 다룬 기사 3개를 찾고 긍정적이었던 이유를 정리한다.

2. 신문기사에서 무역의 부정적 사례를 다룬 기사 3개를 찾고 부정적이었던 이유를 정리한다.

3. 자신이 찾은 신문기사를 스크랩하고, 기사에 나타난 무역의 부정적 영향의 특징, 긍정적 영향의 특징을 정리하여 '무역의 영향'이라는 주제로 보고서를 만든다.

4 어떻게 해야 경제적으로 안정된 삶을 살 수 있을까?

⊘ 소득, 자산, 금융소득, 주식, 예금, 채권, 투자, 수익성, 안정성, 유동성, 신용, 생애설계, 재무설계

'욜로(YOLO, You only live once)'라는 말이 있습니다. '한 번 뿐인 인생'이라고 번역하지요. 원래는 어느 노래 가사[2]인 데, 한 번뿐인 인생을 삶의 모토로 하여 작은 것에 연연하지 말고 즐기라는 메시지를 담고 있습니다. 미국 대통령이었던 버락 오바마가 '오바마 케어'라고 불리는 공공건강보험 제도를 확대하고자 국민들에게 지지를 호소하면서 이를 인용했지요. 서로 도우면서 행복하게 살자는 메시지를 담고 있습니다.

그런데 이 '욜로'가 우리나라로 넘어오면서, 소비를 강조 혹은 조장하는 메시지로 전환되었습니다. 비싼 물건이나 여행 상품 광고에서 욜로를 외치면 "한 번뿐인 인생, 미래를 위해 저축하지 말고 현재의 욕구에 소비하라"라는 느낌이 강합니다.

이런 광고 메시지는 고객을 유혹하는 데서 멈추지 않습니다. 사정상 소비를 즐기지 못하는 사람들은 광고를 보고 자신만 뒤떨어져 있다는 느낌을 받을 수 있습니다. 그리고 그런 자신에게 연민을 갖거나 처량해지기도 하지요. 앞서 이 책의 1권에서 '행복'을 이야기하면서 카페인 우울증을 언급했는데 기억하나요? 욜로가 카페인 우울증 같은 증상을 일으키고 있는 것입니다.

그런데 이렇게 생각하면 어떨까요? '한 번뿐인 인생'이라면 어느 한 시기 욕구에만 따르며 돈을 탕진할 것이 아니라 전 생애를 고려하면서 즐거운 삶을 살 수 있는 방안을 모색해야 할 것입니다. 그러려면 현재만을 소중히 여기는 대신 전 생애에서 삶을 소중하게 다루어야겠지요. 평생의 욜로를 위해서는 삶 전체를 고려하여 어떻게 소득을 얻고, 자산을 관리하고, 소비해야 할지 계획을 세울 필요가 있습니다.

삶을 위해 꼭 필요한 돈, 어떻게 벌 수 있을까?

혹시 아르바이트를 해본 적이 있나요? 아르바이트를 하면 정해진 시간 동안 일정한 일을 하고 시간 단위로 주급이나 월급을 받지요. 이처럼 일을 하고 번 돈을 '근로소득'이라고 합니다. 근로소득 이외에는 돈을 버는 방법이 없을까요?

있지요! 가게를 운영하거나 회사를 경영하는 등 사업을 해서 소득을 얻는 '사업소득'이 있습니다. 보통 직업을 가지고 일을 한다면 근로소득이나 사업소득을 버는 경우가 대부분입니다.

취업박람회에 모인 사람들. 근로소득은 노동을 통해 얻을 수 있으며, 이는 생계 및 삶에서 중요한 부분을 차지한다.

이 외에도 빌딩 임대료를 받거나 돈을 은행 등에 빌려주고 이자를 받는 경우가 있습니다. 이처럼 토지, 건물이나 돈과 같은 자산을 활용하여 돈을 버는 것을 '재산소득'이라고 하고, 그중에서 특히 은행에 저축을 하는 등 금융자산으로 얻는 소득을 '금융소득'이라고 합니다.

사람들은 대개 근로나 사업으로 번 소득을 이용해 살아가지만, 그렇게 번 자산을 투자해서 금융소득도 형성해야 합니다. 소득을 얻을 수 있는 금융자산에는 어떤 것이 있을까요?

첫째, 은행 등의 금융기관에 예금할 수 있습니다. 기간을 정해서 일정한 이자를 받기로 약속하고 돈을 투자하는 것입니다. 매달 정해진 돈을 넣는 방법과 한꺼번에 돈을 넣고 일정 기간이 지난 후에 이자를 받는 방법이 있습니다. 정해진 이자에 따라 소득을 얻는데, 해당 금융기관이 망하지 않는 한[3] 원금과 이자를 받게 됩니다.

둘째, 주식을 사는 방법이 있습니다. 주식은 기업을 운영하는 데 필요한 자본을 조달하기 위해 발행합니다. 주식은 회사의 소유권을 투자자에게 투자액만큼 나누어준다는 증표입니다. 그래서 내가 산 주식을 발행한 기업이 이익을 얼마나 내느냐에 따라 내가 얻는 소득도 달라집니다. 이익을 내면 그만큼 배당을 받지요.

그런데 주식의 가격인 주가는 매일 변동합니다. 따라서 내가 산 주식 가격이 오르면 그것을 팔아 이익을 남기는 것도 가능합니다. 문제는 주가가 항상 올라가기만 하지는 않는다는 점입니다. 기업이 실적을 내지 못해서 주가가 내려갔을 때 주식을 팔면, 그만큼 손해를 봅니다. 더 극단적으로 내가 투자한 회사가 완전히 망하면 주식이 휴지 조각이 되어 투자금 전체를 돌려받지 못하게 됩니다.

셋째, 채권을 사는 방법이 있습니다. 채권은 국가나 기업 등에 일정액을 빌려주면, 원금과 이자 등을 받을 수 있다는 의미로 받는 차용증입니다. 채권도 주식처럼 거래가 됩니다. 따라서 채권을 샀다가 채권이 약속한 이자를 받을 수도 있고, 채권을 판매하여 시세차익을 남기는 방법도 있습니다.

주식과 마찬가지로 채권도 그것을 발행한 기관이 수익을 제대로 내지 못하거나 망하면 이자를 제대로 못 받을 수도 있고, 산 가격에 비해 채권 가격이 내려가서 손해를 볼 수도 있습니다. 정부 채권은 상대적으로 부도 위험이 거의 없다 보니, 기업 채권에 비해 안전하다는 이유로 이자가 적은 편입니다. 같은 이유로 불안정한 채권은 이자가 높지요.

금융자산은 여러 바구니에 나눠 담아라

위에서 살펴본 예금, 증권, 채권에서 몇 가지 차이를 감지했나요? 수익을 내는 방법, 투자한 곳이 망하거나 문제가 생겼을 경우에 원금을 다 받을 수 있는지 여부, 갑자기 투자 금액이 필요할 때 손해를 보지 않으면서도 빨리 현금으로 바꿀 수 있는 정도 등을 알아채는지 모르겠습니다. 이를 순서대로 각각 수익성, 안정성, 유동성이라고 합니다. 예금, 증권, 채권은 여기에 차이가 있습니다.

수익성은 투자한 돈에 따라 얻을 수 있는 소득의 정도를 말합니다. 예금은 처음에 정한 예금 금리로 수익이 결정됩니다. 반면에 증권은 주가 변동에 따른 시세차익과 배당금으로 결정되며, 채권은 정해진 이자와 채권 가격의 변화에 따른 시세차익으로 결정됩니다.

예금은 처음부터 수익이 정해져 있는데 비해 주식이나 채권은 경제가 호황이냐 불황이냐에 따라 바뀌니, 예금보다 나은 수익을 얻을 기회가 높다고 할 수 있습니다.

안정성은 투자 금액과 그에 따른 이익이 보전될 수 있는 가능성의 정도를 말합니다. 예금과 달리 증권이나 채권은 시세차익을 통해 이익을 얻는다고 했지요. 그런 점에서 안정성이 상대적으로 약하다고 봅니다. 수익성과 안정성의 관계는 묘해서 수익 변동 폭이 클수록, 즉 이익이나 손해가 날 확률이 높을수록 안정성이 낮다고 볼 수 있습니다. 채권 중에서도 안정성이 높은 채권은 이자가 낮고, 위험성이 높은 채권은 이자가 높게 설정됩니다.

유동성은 필요할 때 투자한 돈을 현금으로 만들 수 있는 정도를 말하며, 환금성이라고도 합니다. 돈이 급작스럽게 필요한 상황을 가정해봅시다. 주식이나 채권은 투자할 때에 비해 가격이 내려가 있다면 손해를 보면서 현금화해야 하기 때문에 망설여질 것입니다. 예금은 약정한 이자보다 적은 이자를 받아서 망설여지기는 하지만 그래도 손해가 크지는 않습니다. 그래서 바로 현금화할 수 있다는 점에서 상대적으로 예금이 유동성이 더 높지요.

금융자산을 수익성, 안정성, 유동성을 고려하여 평가하면, 주식이나 채권처럼 상대적으로 수익성은 좋지만 안정성과 유동성이 약한 경우가 있고, 예금처럼 안정성과 유동성은 좋지만 수익성이 약한 경우도 있습니다.

그렇다면 어떻게 투자하는 것이 좋을까요? 전문가들은 "한 바구니에 달걀을 전부 담지 마라"라고 이야기합니다. 한 바구니에 달걀을 전부 담으면 위험 상황에서 한꺼번에 깨질 테니까요.

그러니 여윳돈으로 금융소득을 얻으려면 한 가지 상품에만 투자하지 말고 수익성, 안정성, 유동성을 고려하여 여러 군데에 투자하는 편이 좋겠습니다. 전문가들은 이를 분산투자, 또는 '포트폴리오를 짠다'라고 표현합니다.

경제생활은 신용으로 평가받는다

자, 금융에 대해 좀 더 알아봅시다. 사람들이 금융으로 소득만 창출하는 것은 아닙니다. 돈을 빌려서 살아가는 경우도 많습니다. 대학교 등록금을 마련하기 위해 학자금 대출을 받고, 신용카드로 물건 값을 치르는 것도 실은 돈을 빌리는 일입니다.

신용카드 사용은 돈을 빌리는 게 아니라고 생각하는 사람도 있는데, 사실은 정해진 기간 동안 신용카드 회사의 돈을 빌려서 물건을 구매하고 지정한 날짜에 내 통장에서 돈이 나가기 때문에 신용카드 값도 대출금이나 마찬가지입니다.

자본주의 사회에서 우리는 수많은 상품을 구매하고 싶은 욕구를 갖습니다. 더구나 소비는 하면 할수록 더 하고 싶어집니다. 이런 현상을 '어플루엔자(affluenza)'라고 하는데, 풍요로움을 의미하는 '어플루언스(affluence)'와 유행성 독감을 의미하는 '인플루엔자(influenza)'의 합성어입니다. 소비는 하면 할수록 더 하고 싶어지는 전염성 질병 같다는 의미입니다.

 잠깐! 더 배워봅시다

휴대전화 요금을 체납했다고 신용불량자까지?

은행에 돈을 빌려서 안 갚을 경우에만 신용불량자가 될까? 휴대전화 통신비 등 생활 요금을 제대로 내지 않아도 신용불량자가 될 수 있다. 요즘은 달라졌지만 일부 휴대전화 회사는 요금을 장기간 연체하면 신용불량자로 등록하여 문제가 된 적이 있다.

이 외에도 전기요금과 같은 생활비용을 신용카드로 납부하는 경우에는, 통장에 잔고가 부족해 체납이 발생했을 때 대출을 한 것과 같은 상태가 된다. 이렇게 보면 신용불량자가 먼 이야기가 아니다.

신용불량을 막으려면 일상에서 무엇을 조심해야 할까?

이러한 욕구를 쉽게 채워주는 것이 바로 신용카드입니다. 조그마한 플라스틱 카드를 긁기만 하면 원하는 물건을 가질 수 있으니, 신용카드를 사용하는 그 순간만큼은 그것이 빚이라는 사실을 잊어버립니다. 그러다 순식간에 큰 빚에 시달릴 수도 있게 됩니다. 정해진 기간이 지나면 신용카드 값을 내야 하는데 통장에 잔고가 없으면 빚을 못 갚은 사람으로 금융기관에 기록이 남지요.

빚을 제때 갚지 못하면 경제적 측면에서 신용에 문제가 생깁니다. '신용'이란 한 개인이 지급할 수 있는 경제적 능력에 대한 사회적 평가라고 보면 됩니다. 현재 돈을 빌리는 사람이 일정 기간이 지나 돈 값을 능력이 있는지를 사회적으로 평가한 것입니다. 신용이 하락하면 여러 가지 경제활동에 제한을 받기도 하고, 같은 금액을 대출받더라도 이자를 더 많이 내야 하기도 합니다.

신용불량자가 되면 더 큰 문제입니다. 대출금을 갚지 못하거나 여러 번 연체하게 되면 신용불량자가 됩니다. 보통 자신의 신분을 증명할 때 주민등록증이나 여권 등을 보여주지요. 경제생활에서는 은행 잔고나 카드 등으로 자신의 존재를 증명하는데, 신용불량자는 이러한 경제적 증명이 불가능한 상태입니다.

신용불량자는 금융거래가 제한되어 통장 개설도 쉽지 않고, 신용카드 발급도 제한됩니다. 직장을 구하기도 어렵지요. 경제적인 측면에서 소비만이 아니라 생산까지 제한된 삶을 살게 될 가능성이 높습니다.

그러므로 생애 기간에 소득을 늘리는 것만이 아니라, 신용을 잘 관리하는 것도 중요합니다. 소득에 맞는 적정한 대출, 월 소득을 고려한 카드 사용과 소비 지출을 해야 하는 것이지요. 소득을 넘어서 과소비를 해서는 안 되겠지요. 욜로에서도 이 대목은 매우 중요합니다.

생애주기별 소득과 소비를 따져보기

우리의 생애를 보면 부모님에게 의존해서 살아가는 기간도 있고, 스스로 돈을 벌어서 사는 기간도 있고, 경우에 따라서는 자녀나 부모를 부양하면서 사는 기간도 있습니다. 여기에는 수명과 학업, 결혼, 출산과 양육, 자녀의 결혼, 퇴직 등 다양한 생애 경험이 영향을 미칩니다. 그러다 보니 사람들이 경험하는 생애주기는 각기 다릅니다.

일반적으로 혼자서 살아가는 경우, 결혼하고 아이가 없이 살아가는 경우, 결혼하여 자녀를 양육하면서 살아가는 경우로 삶의 방식을 크게 나눌 수 있습니다.

혼자 사는 경우나 자녀 없이 사는 부부는 자녀를 양육하는 경우에 비해 생활비용이 적게 들기는 하지만 독자적으로 안정적인 경제생활을 해야 하기에 그에 맞는 금융자산 관리가 필요합니다. 보통은 결혼하여 자녀를 양육하는 부부가 많으므로 금융자산을 설계할 때 이들의 생애주기를 고려하는 경우가 대부분이니까요.

그러면 금융자산을 설계할 때 무엇을 고려해야 할까요? 일단 수명을 예상해야 합니다. 그리고 예상 소득과 지출 정도를 알아보기 위해 생애별로 교육 정도, 취직, 결혼, 자녀 출산과 양육, 자녀의 결혼, 그리고 은퇴 이후의 삶을 생각해야겠지요.

통계청이 밝힌 2017년 기대 수명은 남자는 79세, 여자는 85세입니다.[4]

관련 법에 따라 정년은 만 60세 이상이지만, 대개는 50세 조금 넘어서 퇴직을 하지요. 그러나 퇴직 후에도 일하는 사람들이 있으니, 2017년 기준으로 볼 때 60세 정도까지 일한다고 가정할 수 있을 것 같습니다.

일을 시작하는 연령은 언제일까요? 보통 20대 중후반, 늦을 경우 30대에 시작하기도 합니다. 결혼은 대개 30대 초반에 하는 것으로 나타납니다.

유년기인 10대에는 대부분 일을 하지 않고 부모님에게 기대서 살아가기에 소득보다는 지출이 더 많습니다. 청년기인 20대에 접어들어서도 대학교 등록금이나 결혼 자금 마련 때문에 소득에 비해 지출이 더 많은 편입니다.

중장년기가 시작되는 30대에는 결혼 이후 가족이 증가하면서 집을 넓히고 자녀 교육비가 많이 들어갑니다. 그런데 30~40대에는 일을 하면서 경력을 쌓기 때문에 소득도 증가하지요. 이 시기에는 대체로 소득이 지출보다 많아서 경제적 여유가 생깁니다. 그러다가 50대 후반쯤 자녀를 독립시키는 과정에서 지출이 더 늘고, 노년기에 접어들면 연금으로 살아가야하기 때문에 소득에 비해 지출이 더 많아집니다.

정리하자면 생애 초반에는 지출이 더 많고, 중반에는 소득이, 후반에는 다시 지출이 더 많아지는 흐름을 보입니다. 이런 생애주기를 고려하여 금융 설계를 한다면 지출보다 소득이 더 많은 중장년기에 금융자산을 잘 형성하고 이를 합리적으로 투자하여 노년기에 필요한 자금을 확보할 수 있을 것입니다.

지금은 30대, 50대, 80대가 너무 먼 미래 같겠지만, 미래를 준비하는 사람과 준비하지 않는 사람에게 그 시간은 달리 다가올 것입니다.

창작 활동 **신용의 중요성을 알리는 포스터 만들기**

1. 신용불량자의 위험한 삶을 다룬 신문기사를 찾는다.

2. 신문기사를 통해 신용불량자의 삶을 알릴 수 있는 키워드나 구절을 5개 정도 정리한다.

3. 위에서 찾은 핵심 키워드를 바탕으로 현대사회에서 신용의 중요함을 알리는 포스터를 제작한다.

설계 활동 **나의 생애주기에 따른 금융 계획 설계하기**

1. 나의 생애에서 취업, 결혼, 자녀 출산 등 중요 사건이 언제 일어날지 예상해본다.

2. 신문기사나 통계 등을 고려하여 평균 임금, 결혼 자금, 주택 구입 자금, 자녀 교육비, 은퇴 이후 생활비 등을 정해본다.

3. 이를 바탕으로 다음 표에 생애주기별 주요 사건을 적고, 그에 따른 금융 설계를 해본다.

생애주기	주요 사건	금융설계
청년기		
신혼기		
자녀 양육 초기		
자녀 양육 후기		
자녀 독립기		
노년기		

화차

문학	미술	영화	뮤지컬
V			

사회 문제를 주로 다루는 일본의 소설가 미야베 미유키의 소설. 한 여성의 실종 사건을 다룬 작품으로 일본의 《문예춘추》가 선정한 '20세기 걸작 미스터리 작품' 중 2위에 올랐다. 2012년에 우리나라에서 동명의 영화가 만들어졌다.

줄거리

1990년대 일본. 거품경제가 붕괴하면서 사람들의 일상이 삐그덕거리기 시작하던 어느 날, 한 형사가 사라져버린 약혼녀를 찾아달라는 요청을 받는다. 밝혀지는 진실. 주인공의 약혼녀는 결혼을 앞두고 신용카드를 발급받으려다 심사 과정에서 과거에 개인파산을 신청한 적이 있다는 사실이 드러나자 갑자기 자취를 감춘 것이다. 그리고 명품을 마구잡이로 사다가 신용불량자가 된 또 다른 여성이 드러난다. 한 여성의 실종 사건을 해결해가는 가벼운 추리물로 생각하기에는 등장인물의 삶에 드리운 경제적 비극이 너무 크다.

"선생님, 어쩌다 이렇게 많은 빚을 지게 됐는지 나도 잘 모르겠어요. 난 그저 행복해지고 싶었던 것뿐인데."

담담한 그녀의 이 말을 통해, 누군가에게는 평범한 삶이 다른 누군가에게는 얼마나 어려운 일인지 알게 된다. 그리고 이 모든 이야기의 주인공이 내가 될 수도 있다는 점에서 오싹함을 안겨준다.

🗐 주제 던지기

경제활동 속에서 일어나는 '선택'과 관련하여 두 가지 주장이 가능하다.

주장 ① 인간은 경제활동에서 대부분 합리적인 선택을 한다.

왜냐하면 경제학에서 예측하는 수요와 공급의 법칙이 대부분 반영되어 경제가 운영되기 때문이다. 실제로 사람들은 자신이 가진 정보가 불충분할지라도 대체로 그 안에서 최선의 선택을 하려고 노력한다. 가격을 비교하고, 미래를 예측하면서 최적의 것을 선택하는 것이다. 그런 결과들이 모여서 경제적 합리성을 만들어낸다. 개인이 비합리적인 선택하는 경우는 일부일 뿐, 대개는 합리적 선택을 하면서 살아간다.

주장 ② 인간은 경제활동에서 본능, 욕망 등 개인적인 감정이나 유행 같은 사회적 현상에 따른 선택을 한다.

매해 유행하는 물건을 사고, 이듬해 유행이 바뀌면 버리고, 홈쇼핑에서 산 물건을 포장도 풀지 않고 쌓아두는 등 비합리적인 선택을 우리 주위에서도 수없이 볼 수 있다. 인간이 합리적이라면 소득에 맞춰 소비해야 하고, 수명을 생각해서 노후설계를 해야 하며, 당첨 확률이 매우 낮은 도박에 빠지지 않을 것이다. 이런 수많은 예는 인간이 합리적이지 않음을 보여준다. 인간은 욕망과 사회적 유행을 따라가는 비합리적인 존재이다.

🗐 토론 주제

인간은 합리적인 선택을 하는 존재일까, 감정과 유행에 따르는 존재일까?

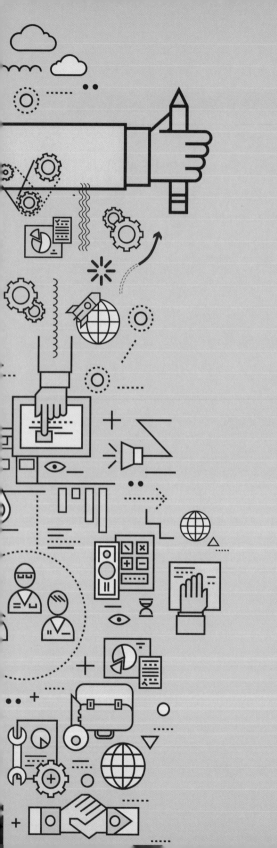

2장

정의로운 사회는
어떻게 만들어지는가?

※ 사회 정의와 불평등

정의 없는 힘은 무력하고, 힘 없는 정의는 무효하다.

— 블레즈 파스칼(프랑스의 수학자이자 철학자)

1 정의란 무엇인가?

(!) 정의, 분배적 정의, 업적에 의한 분배, 능력에 의한 분배, 필요에 의한 분배

최근 서울에 있는 유명 사립대학이 장학금 지급 방식을 바꾸겠다고 발표했습니다. 이 대학의 1년치 등록금은 1,000만 원 가까이 됩니다. 통계청에서 발표한 자료에 따르면 2016년 우리나라 도시근로자의 가구당 월평균 소득(가구 구성원이 번 돈을 전부 합한 금액)이 4인 가구의 경우 470만 원 정도였습니다. 등록금 1,000만 원이면 4인 가구의 두 달치 소득이니 매우 큰돈이지요.

그 대학은 성적 우수 학생에게 주던 장학금은 줄이고, 경제적으로 어려운 학생에게 장학금을 더 많이 주겠다고 했습니다. 이에 대한 찬반 의견이 다양했지요.

2017년에는 이런 일도 있었습니다. 공공부문에서 직원을 채용할 때 블라인드 채용을 하겠다는 발표가 있었습니다. '블라인드'라는 것은 지원자

의 정보를 가린다는 것입니다. 어떤 정보를 말하는 걸까요? 우선 사진을 붙이지 않도록 하여 외모를 가리고 출신 지역, 가족 관계를 드러내지 않고, 더 나아가 학력 및 보통 스펙이라고 부르는 취업 준비 경력을 기재하지 않게 한 것입니다. 하지만 학력이나 학점, 스펙 등은 학연, 지연, 혈연 등을 알게 하는 다른 정보와 달리 개인의 능력을 정확하게 파악하게 하는 정보이고, 개인 노력의 산물인데 이를 무시한다는 비판도 있습니다.

텔레비전 프로그램 중에는 오로지 노래만 듣고 평가하는 공개 오디션도 있고, 가면으로 얼굴을 가리고 노래를 부르는 사람들 중 최고를 뽑는 프로그램도 있습니다. 개인의 실력을 가장 중요하게 보는 것이지요. 그 결과 외모나 인지도가 뛰어난 사람보다 노래를 잘하는 사람이 우승을 하고, 사람들은 그런 결과에 환호합니다. 이와 달리 연예인의 가족이 나오는 프로그램에는 곱지 않은 시선을 보내기도 하지요.

위의 사례들, 연관성이 없어 보인다고요? 아닙니다. 위의 사례 각각에 대한 호감 표시나, 부정적인 의견 그 이면을 보면 그것이 옳으냐 아니냐를 판단하는 기준을 적용하고 있음을 알 수 있습니다. 즉 사람들의 호감이나 부정적인 의견은 사실 그들이 생각하는 '정의'의 기준이 반영된 결과입니다.

여러분은 위의 사례에서 어떤 것이 정의롭다고 생각하나요?

정의의 다른 이름, '공정함'

정의 대신 공정함이라고 한다면 선택이 조금 쉬울까요? 우리는 일상에서 일어나는 어떤 상황, 결과, 그리고 국가 정책 등에 대해 판단하면서,

"그건 공정해" 또는 "저건 공정하지 않아"라고 이야기하지요. 공정이란 한 마디로 '공평하고 올바름'이라고 할 수 있습니다.

고대 그리스 철학자 아리스토텔레스는 부정의한 상태를 법을 지키지 않거나 불공정한 것이라고 보았습니다. 그렇다면 정의는 법을 지키는 상태거나 공정한 상태겠지요. 법을 지킨다는 의미에서의 정의는 개인이 지켜야 할 바른 도리를 지키는 상태를 말하는데 이를 '일반적 정의'라고 합니다.

공정함으로서의 정의는 사회나 제도적 측면에서 바른 도리와 관련되어 있는데, 이는 '특수적 정의'에 해당합니다. 오늘날과 같이 사회적 관계가 다양해지고 국가나 제도의 영향력이 큰 사회에서 정의 문제는 주로 공정 측면의 특수적 정의에서 많이 논의합니다.

특수적 정의는 크게 '분배적 정의'와 '교정적 정의'로 나눕니다.

먼저 교정적 정의부터 살펴볼까요? 교정적 정의는 '양쪽을 꼭 같게 하는 것'입니다. 일정한 가격에 무엇인가를 사고파는 매매, 남의 물건을 훔쳤을 때 그만큼 배상하는 것, 죄를 지었으면 그에 합당한 벌을 받는 경우가 해당됩니다. 평균적 정의, 시정적 정의, 응보적 정의라고도 합니다.

분배적 정의는 사회적으로 가치 있는 것이나 부담되는 것을 나눌 때, 어떻게 하는 것이 공정한가와 관련이 있는데, 배분적 정의라고도 합니다. 기본적으로 '같은 것을 같게, 다른 것을 다르게'를 주장합니다.

예를 들어 선거권은 모든 사람들이 사회적 지위나 소득과 상관없이 동일하게 1인 1표씩 가지지요. 이는 '같은 것을 같게' 나누는 것입니다. 이와 달리 세금을 누진세율로 내는 경우는 '다른 것을 다르게' 나누는 것입니다.

문제는 사회마다 '같은 것' 또는 '다른 것'에 대한 생각과 기준이 다르다는 것입니다. 그래서 분배적 정의의 기준이 무엇인지가 늘 논란의 대상입니다. 앞에서 장학금을 줄 때 성적에 따라 주는 경우와 경제적인 어려움을 고려하여 주는 경우는 둘 다 '다른 것을 다르게' 분배하는 경우에 속합니다. 하지만 이때 고려한 것은 '능력'과 '필요'로서, 분배 기준이 다릅니다. 어떤 기준을 적용하는 것이 정의인지는 사람이나 사회마다 다르게 생각합니다.

누구에게, 어떻게 나누는 것이 정의로울까?

분배 기준으로 크게 업적, 능력, 필요를 고려할 수 있습니다. 대회에서 우승해 학교를 빛낸 학생, 입학 성적이 우수한 학생, 경제적 도움이 없다면 대학을 다니기 어려운 학생. 이 셋 중 누구에게 장학금을 주는 것이 정의로운 일일까요? 가만히 보면 누구를 선택하든지 장단점이 있습니다.

대회에서 우승해 학교를 빛낸 학생부터 살펴봅시다. 이 학생에게 장학금을 준다면 그것은 그가 공헌한 데 대한 대가입니다. 즉 '업적'을 고려하여 분배하는 것입니다. 업적은 결과물이어서 평가하기가 어렵지 않고 분배의 몫을 정하기도 편하며 다른 구성원에게 성취 동기도 제공할 수 있습니다. 회사에서 도입하는 연봉제나 성과급제 등도 이런 예입니다.

그런데 이 경우에는 경쟁을 너무 강조한다는 문제가 있습니다. 그리고 업적을 내기 어려운 상태에 처한 사람이나 사회적 약자에게는 불리하며, 이로 인해 빈부격차가 심해질 수 있습니다.

다음으로 입학 성적이 우수한 학생을 봅시다. 이 학생은 대학에 와서 학업을 잘할 가능성이 있으며, 대학이 원하는 곳에 취업하는 등 후에도

'Occupy Wall Street'를 외치며 월스트리트 점거 시위를 하는 사람들(2011년 9월 30일). 많은 사람들이 '상위 1%의 탐욕으로 99%의 보통 사람이 정당한 몫을 받지 못한다'고 주장하며 시위를 이어나갔다. 이는 질주하는 자본주의 사회에 '분배'의 문제를 환기시킨 사건이었다.

대학을 빛낼 수 있기 때문에 그 가능성을 보고 장학금을 주는 것입니다. '능력'으로 가능성을 파악하여 분배하는 것이지요. 그러나 능력은 정확하게 평가하기 어려워서 종종 '자격증' '경력' 등 우리가 스펙이라고 부르는 것으로 대체되기도 합니다. 스펙이 정확하게 미래의 가능성을 보여주는지도 의문이고, 선천적 자질이나 부모의 영향을 받아 형성하는 경우도 있어서 문제가 됩니다.

마지막으로 경제적 도움이 없으면 대학을 다니기 어려운 학생을 봅시다. 학생의 교육에 대한 욕구와 행복을 고려한다면 장학금을 주어야 합니다. 즉 '필요'를 고려하여 분배하는 것입니다. 이런 예가 사회복지 제도입니다. 이 경우에는 사회적으로 가치 있는 것은 한정되어 있는데 필요로

하는 사람이 많을 때가 문제입니다. 열심히 일한 사람들의 성취 동기를 약화시킬 가능성도 있고요.

일상에서 분배적 정의를 생각해야 하는 상황은 생각 외로 너무나 많습니다. 앞서 살펴본 장학금 말고도 세금을 내는 비율을 정하는 문제, 대학 입학생을 뽑는 방법, 선별적 복지와 보편적 복지, 부동산 투기 억제 정책 도입, 여성이나 장애인 등 사회적 약자를 위한 우대 정책 도입, 연봉제와 성과급제 적용, 정규직과 비정규직의 임금 차이 문제 등등…….

이런 다양한 문제에 하나의 기준을 세워 일관성 있게 정의를 따지기는 쉽지 않습니다. 따라서 업적, 능력, 필요 등을 잘 살펴서 사회 구성원 대다수가 인정할 수 있는 분배를 하고, 이 과정에서 일정한 원칙들을 정하면서 사회 구성원들이 '이 정도면 정의롭다'라고 인정할 수 있는 지점을 찾아내야 합니다.

그러자면 정의를 위한 기준을 정하는 사회적 합의가 필요합니다. 그리고 기준이 특정 집단에만 유리하게 작용하지 않도록 조정해야 합니다. 이를 위해서는 무엇보다 절차가 정의로워야 합니다. 모든 구성원이 평등하게 의견을 내고, 의견을 모으는 과정에서 의견의 가치가 동일하게 평가받아야 합니다. 또한 의사결정의 방법에도 모두가 동의해야 합니다. 그렇게 정한 기준에 특혜나 예외가 있어서도 안 됩니다.

이런 절차가 잘 지켜지면 다양한 위치에서 다양한 필요와 능력, 업적 차이를 가진 사람들도 어느 부분에서는 손해를 볼지라도 어느 부분에서는 이익을 볼 거라고 생각할 수 있을 것입니다. 누구나 인정하는 정의의 기준을 합의하기는 쉽지 않지만, 그럼에도 모두 노력해야 한다는 점은 기억해야 합니다.

평가 활동 자신이 경험한 정의 사례 분류하기

1. 친구들과 함께 일상에서 있었던 정의로운 경험과 정의롭지 못했던 경험을 각각 5가지 제시한다.

2. '정의'가 무엇인지 정의해보고 친구들이 제시한 정의로운 경험과 정의롭지 못한 경험의 구분이 합당한지 평가한다.

3. 친구들의 경험에서 교정적 정의에 해당되는 것과 분배적 정의에 해당되는 것을 나누고, 분배적 정의에서는 어떤 기준으로 정의로운 경험과 정의롭지 못한 경험을 분류했는지 알아본다.

제안 활동 내가 CEO라면 어떤 직원에게 얼마만큼의 월급을 줄 것인가?

1. 내가 회사의 CEO라면 구성원에게 어떤 기준으로 월급을 줄지 계획을 짜본다. 그리고 자신이 선택한 이유를 서술한다.

   첫째, 회사 구성원의 가족 수에 비례하여 월급을 주는 방법, 둘째, 근무 연수가 높을수록 월급을 많이 주는 방법, 셋째, 구성원의 성취에 비례하여 월급을 주는 방법, 넷째, 앞의 여러 가지 방법을 두루 고려하는 방법 등을 다각적으로 생각해볼 수 있다.

2. 계획한 대로 월급을 주었을 때 생길 수 있는 긍정적인 점과 문제점을 '회사 구성원 개인의 생활 측면'과 'CEO로서 회사를 운영하는 측면'에서 검토해본다.

3. 위의 검토를 바탕으로 월급을 주는 방법에 대한 보완책을 마련하여 최종 임금 지급 계획서를 만든다.

2 개인과 공동체 중 무엇을 우선 고려할 것인가?

자유주의, 공동체주의, 공익, 사익, 개인과 공동체, 책임과 의무

취업을 하면 소득을 얻지요. 소득이 생기면 세금을 내야 하는데 여기에 두 가지 방식이 있습니다. 우선 월급이 얼마든 상관없이 동일한 비율로 세금을 부과하는 비례세율이 있습니다. 소득에 세금을 10% 부과하면 월급이 100만 원인 사람은 매월 10만 원 씩 1년에 120만 원을, 월급이 1,000만 원인 사람은 매월 100만 원 씩 1년에 1,200만 원을 내는 식이지요.

또 다른 방법으로 일정 선을 정해서 그 이상 월급이 높아지면 세율을 더 높이는 누진세율이 있습니다. 1년 소득 1,000만 원까지는 세금을 면제하고, 1,000~5,000만 원 구간은 5%, 5,000만 원~1억 원 구간은 15%, 1억 원 이상 구간이면 세금을 25% 부과한다고 생각해보지요.

월급이 100만 원이면 1년 소득이 1,200만 원이죠. 그중에 1,000만 원은

세금 부과 대상이 아니고 나머지 200만 원에 대해서만 5%의 세금을 내면 됩니다. 10만 원이 되겠네요.

월 1,000만 원을 버는 사람은 1년 소득이 1억 2,000만 원입니다. 1,000만 원은 세금이 면제됩니다. 그리고 1,000만 원부터 5,000만 원까지는 세금이 5% 부과되니 세금이 200만 원 발생합니다. 그리고 5,000만 원 이상부터 1억 원까지 5,000만 원에 대해서는 15% 세금이 부과되니 750만 원 세금이 발생합니다. 나머지 1억 원에서 초과한 2,000만 원에는 세금이 25% 붙어서 500만 원을 내야 합니다. 이렇게 누진세율을 적용하면 1억 2,000만 원 연소득에 세금이 총 1,450만 원 부과됩니다.

비례세율을 적용하면 월급 100만 원인 사람과 1,000만 원인 사람이 각각 내야 하는 세금이 120만 원, 1,200만 원인데 누진세율을 적용하면 각각 10만 원, 1,450만 원입니다. 누진세율의 경우 세금 차이가 훨씬 큽니다.

누진세율은 소득이 높을수록 세율을 높게 설정해서 세금을 더 많이 내게 하는 제도입니다. 반면 일정한 정도의 소득을 내지 못하여 최소한의 생계유지도 어려운 사람에게는 정부가 거둔 세금으로 생활비 등을 지급하여 인간다운 삶을 살도록 지원합니다.

정부가 기존의 비례세율에서 누진세율로 세금 부과 제도를 바꾸거나 높은 소득에 부과하는 누진세의 비율을 더 높여서 부자들에게서 세금을 더 걷고 그 재원으로 복지정책을 실행하려 한다고 칩시다. 여러분은 이에 찬성하겠습니까? 반대하겠습니까? 아니, 질문을 조금 바꾸어보겠습니다. 누진세율을 높여서 어려운 처지에 있는 사람들에게 더 많이 지원하는 정책은 정의로운 선택인가요, 부정의한 선택인가요?

'정의'에서 개인의 자유가 중요하다

자유주의는 기본적으로 개인이 가진 자유를 중요하게 여깁니다. 그래서 자유를 가진 개인들이 모여 있는 곳이 바로 사회라고 봅니다. 자유주의 관점에서 정의는 개인이 타인의 자유를 침해하지 않는 한에서 최대한 자유를 누리는 것입니다.

자유주의자인 롤스와 노직이 이야기하는 사회 정의를 들어볼까요?

국가의 재분배 정책에 찬성한 롤스

자유주의자 중에서 정의에 관심을 가진 대표적인 학자는 존 롤스(John Rawls)입니다. 우선 롤스는 '원초적 상태'를 가정합니다. 원초적 상태란 사회 구성원들이 자신의 사회적 위치 같은 조건을 모른 채 모이는 가상의 상태입니다. 이때 개인은 자신의 능력이나 경제력 같은 조건은 모르지만 합리적인 선택을 할 수 있는 이성을 가지고 있습니다.

이런 상태는 개인적 측면에서는 '무지의 베일을 쓴 상태'입니다. 즉, 각자의 특수한 조건을 모르는 무지의 베일을 썼기 때문에 사회 구성원은 한쪽에게 유리하거나 불리하도록 치우치지 않고 모두에게 정의로운 상태를 합의할 수 있다고 보는 것이지요. 그렇게 공정한 절차를 통해 합의된 것을 롤스는 정의라고 봅니다. 절차적 측면에서의 공정함입니다.

롤스는 앞선 가정에 따라 절차적 합의를 통해서 다음과 같은 원칙에 도달할 수 있다고 봅니다. 제1원칙은 모든 개인은 자유와 권리 등 사회의 기본적 가치를 '평등'하게 보장, 즉 분배받아야 한다는 것입니다. 사상·양심·언론·집회의 자유, 보통선거의 자유, 공직 및 재산을 소지할 자유 등이 그에 속합니다. 이를 평등한 자유의 원칙이라고 합니다.

제2원칙은 정당한 불평등의 조건을 말합니다. 이를 인정하기 위해서는 두 가지 조건을 충족해야 합니다. 첫째, 사회·경제적으로 혜택을 가장 적게 받는 최소 수혜자(사회적 약자 등)에게 최대의 이익을 보장할 수 있는 경우에 차등적 분배를 허용합니다. 둘째, 차등적 분배를 허용하더라도 어떤 직책이나 지위에 오를 기회는 모두에게 균등하게 개방되어 있어야 합니다.

그리고 롤스는 위의 제1원칙이 제2원칙에 우선한다고 봅니다. 그래서 개인의 자유를 기본으로 보장받는 상태에서 국가가 재분배 정책에 개입하는 것은 개인 자유 침해가 아니라고 보았습니다.

왜냐하면 최소 수혜자에게 도움이 되는 재분배 정책을 받아들이지 않으면 빈부격차가 커지고, 이로 인해 결국 개인이 기본적인 자유와 권리를 누리기도 어려워진다고 보았기 때문입니다. 이 점에서 롤스는 자유주의자인 셈이죠.

그러나 노직은 롤스가 주장하는 정부의 재분배 정책 개입에 반박하면서 더 근본적으로 자유주의적 관점에서 정의를 주장합니다.

국가의 최소한의 개입을 주장한 노직

자유주의자로서 로버트 노직(Robert Nozick)도 기본적으로 개인의 자유와 권리 등의 가치는 평등하게 보장되어야 한다고 봅니다. 그중에서도 특히 개인의 소유권과 선택권의 보장을 중요하게 보았습니다. 롤스와 달리 노직은 상속권* 증여권* 및 생산수단 소유권도 보장해야 한다고 주장합니다.

◆ 상속권 개인의 재산에 대한 권리를 당사자가 사망했을 때 물려받을 수 있는 권리.
◆ 증여권 개인이 자신의 재산에 대하여 무상으로 어떤 특정인에게 넘겨줄 수 있는 권리.

노직 역시 롤스가 주장한 것처럼, 기회가 균등한 상태에서 나타나는 불평등한(혹은 차등적) 분배는 인정할 수 있다고 보았습니다. 그러나 최소 수혜자를 위한 차등적 분배와 정부의 재분배 정책 같은 개입에는 반대합니다. 노직의 입장에서는 이런 것이 개인의 기본적인 권리에 대한 자유를 침해하기 때문입니다.

노직도 절차적 측면의 정의를 강조하지만 롤스와는 그 내용이 다릅니다. 노직은 타인의 권리를 침해하지 않고 개인이 얻은 가치, 예를 들어 열심히 노력하여 부자가 된 사람의 재산에 대한 권리는 오로지 개인의 것이고 국가가 개입할 수 없다고 봅니다. 모든 개인이 자신의 권리를 갖는 과정에서 타인의 권리를 침해하지 않는 것이 노직에게는 절차적인 측면의 정의입니다.

또한 노직은 롤스와 달리 사회의 빈부격차가 커지면 자신의 재산에 권리를 가진 개인들이 자발적인 기부 등을 하면서 해결해나가야지, 정부가 정책적으로 개입해서는 안 된다고 봅니다. 이렇게 정부의 역할은 매우 제한적이어야 하며, 오로지 개인의 자유와 권리를 최대한 보장하면서 타인의 권리를 침해하지 않도록 보호하는 선에 그쳐야 한다는 입장입니다.

롤스는 자유롭고 합리적인 개인들이 절차적 합의를 통해 자발적으로 차등적 분배를 인정할 것이라고 보고 절차적 측면의 정의를 강조합니다. 반면에 노직은 개인이 소유한 자유로운 권리와 그것의 분배는 개인에게 맡겨야 한다며 소유권 보장의 정의를 강조합니다. 그런데 두 학자가 주장하는 자유주의는 둘 다 개인이 타인의 기본적 권리와 자유를 침해하는 것을 용인하지 않는다는 점에서 극단적 이기주의와 다릅니다.

롤스와 노직의 정의론을 따져보면 근본적으로 두 학자 모두 개인의 기본적인 자유를 강조합니다만, 롤스는 정부의 재분배 정책을 찬성하고 노직은 반대한다는 차이가 있습니다.

이에 비추어보면 롤스는 사회가 합의할 수 있는 수준에서, 그리고 최소 수혜자에게 이익이 되는 한에서 개인의 재산 소유권을 과다하게 침해하지 않는다면 누진세 정책에 크게 반대할 것 같진 않습니다. 그러나 노직은 누진세율을 높여서 재분배 정책을 펴는 것에 대해 개인의 소유권 침해라는 면에서 문제가 있다며 반대할 가능성이 높겠네요.

정의는 공동체를 위한 것이다

공동체주의는 개인의 기본적인 자유를 강조하는 자유주의와 달리 공동체에 초점을 두어 공동체가 가진 가치와 전통 유지를 더 중요하게 여깁니다. 공동체주의 관점에서는 '나'라는 개인이 독자적으로 존재하지 않고, 공동체의 문화와 역사에 영향을 받아 존재하기에 나의 정체성은 공동체와 연결되어 형성되었다고 설명하지요. 그래서 개인은 공동체의 유지를 위한 의무와 다른 구성원에 대한 의무를 다해야 합니다.

공동체주의는 법이나 의무 등을 통해 개인에게 요구되는 역할을 잘 수행하여 구성원으로서 도리를 지키는 것을 강조합니다. 당연히 분배적 정의를 고려할 때도 공동체의 특성과 공동체의 선에 도움이 되는 방향으로 갈 것입니다.

다원론적 정의를 주장하는 왈저

마이클 왈저(Michael Walzer)는 자유로운 개인이 공동체를 형성한 것은 기본적인 자유와 권리를 보장받기 위해서가 아니라고 본다는 점에서 자유주의가 아닌 공동체주의 관점을 가지고 있습니다. 그럼에도 그는 개인이 다양한 층위와 수준에서 다양한 집단에 속해 있으며, 각 집단이나 영역은 외부의 지배로부터 자유롭다고 보지요.

그래서 왈저는 분배적 정의를 논할 때, 한 사회에 소속된 영역별로 중요하게 여기는 가치나 재화 등에는 차이가 있고, 이를 분배하는 데 보편적인 원칙을 적용해서는 안 된다고 봅니다. 그는 '구성원의 자격, 안전과 복지, 돈과 상품, 공직, 고된 노동, 자유 시간, 교육, 혈연과 사랑, 신의 은총, 인정, 정치권력' 등이 각기 다른 영역이 될 수 있다고 합니다. 이들 영역은 역사와 전통에 따라 각각 고유한 분배적 정의를 위한 방식을 가지고 있는 거죠.

예를 들어 '교육' 영역과 '돈과 상품' 영역에서 분배적 정의는 다르게 이루어져야 합니다. 우리 사회에 대입하면, 교육에서 분배적 정의는 '능력'에 의해서, 돈과 상품은 '자유 교환'에 의해서 이루어져야 합니다. 기부금을 내고 입학하는 것은 '돈과 상품' 영역의 자유 교환을 '교육' 영역에 적용하는 일이라 문제가 되겠지요.

더 나아가 왈저는 특정한 분야에서 성공한 사람이 다른 분야에서 연이어 성공하여 다양한 영역의 주요 가치를 많이 소유하는 경우에도 불평등이 일어나서 공동선을 해친다고 보았습니다. 즉, 다양한 사람들이 특정한 분야에서 각기 성공할 수 있어야 정의로운 사회인 것입니다. 이와 관련하여 시민들이 각기 다른 영역에서 형성해온 정의로운 분배 방식을 유지하기 위해서 공동체 시민운동에 참여해야 한다고 보았습니다.

공동체의 연대적 책임을 강조한 샌델

마이클 샌델(Michael Sandel)은 인간은 자유주의자들이 주장하는 것처럼 자유롭고 독립적으로 존재하는 무연고의 존재가 아니라 사회적인 존재로서 서로 연결되어 있다는 점을 강조하는 공동체주의자입니다. 그는 집단적 책임 또는 연대적 책임을 중요하게 봤습니다.

샌델의 주장에 따르면 공동체와 관련하여 집단적 또는 연대적 책임을 지는 것도 정의의 문제입니다. 역사적 사건을 예로 들어 설명해볼까요?

'독일 나치의 유대인 학살에 대하여 후손들이 사죄해야 하는가'라는 문제를 살펴봅시다. 자유주의 관점에서 보면 과거 세대가 행한 잘못에는 내 책임이 없습니다. 현재의 내가 그들에게 잘못한 것이 없기에 책임을 질 일이 아니고 사죄할 이유도 없지요. 그러나 공동체주의 관점에서 보면 현재의 나는 그 일에 대한 책임은 없어도, 그 일을 저지른 조상과는 무관하지 않기에 역사적 연대 관계에 있습니다. 그래서 현 세대도 책임에서 자유롭지 못합니다.

샌델은 사회적 관계 속에서 살아가는 개인은 롤스가 가정한 원초적 상태에서의 개인처럼 독자적이지 않다고 봅니다. 샌델의 관점에서 모든 개인의 목적과 가치는 그를 둘러싼 공동체와 그 구성원 간의 상호 결합으로 구성됩니다. 그래서 롤스가 절차적 정당성을 통해 이끌어낸 정의의 원칙이 보편적으로 적용되는 것도 받아들이지 못합니다. 어떤 판단이 정의로운지 여부는 공동체의 가치, 즉 공동선을 중시하는 개인이 처한 상황에 따라 결정된다고 봅니다.

표면적으로 보면 샌델은 롤스처럼 정부가 개입하여 재분배 정책을 실행하는 것을 지지합니다. 그러나 지지하는 이유는 다릅니다. 롤스가 궁극적으로 개인의 자유와 권리를 유지하기 위해서 재분배를 받아들인다면, 샌델은 공동체 구성원이 연대적 책임을 지는 의미로 재분배를 받아들여야 한다고 봅니다. 재분배를 통해 빈부격차를 줄이지 않으면 부자와 빈자는 서로를 공동체 구성원으로 이해하고 받아들이기 어려우며 이로 인해 시민적 연대가 깨지고 시민의식이 사라지게 될 테니까요.

기본적으로 왈저나 샌델 모두 공동체주의자입니다. 왈저는 개인이 속한 공동체의 다양한 영역과 그에 따라 적용되는 정의 방식을 강조하는 다원론적 정의를, 샌델은 개인을 공동체의 요청을 받아들이는 존재로 보아 공동선을 위한 정의, 연대적 책임감으로서 정의를 강조한다는 차이가 있지요. 이들이 개인을 공동체와 연결된 존재로 보면서 공동체와 개인 모두를 위한 정의를 고려한다는 점에서, 집단을 위해 개인의 일방적인 희생을 요구하는 집단주의와는 다릅니다.

이렇게 보면 앞서 제시한 누진세에 대해, 왈저는 세금과 복지 영역에서 고려하는 분배 방식이 합당하다면 찬성할 것입니다. 샌델은 누진세를 통한 복지정책이 시민들의 연대적 책임감에 필요한 일이라고 보아 찬성할 테고요.

권리와 의무, 사익과 공익은 조화를 이룰 수 있을까?

혹시 주변에 대형마트가 있나요? 대형마트가 있다면 아마 한 달에 두 번쯤 영업을 하지 않는 날이 있을 겁니다. 정부가 대형마트 영업 규제 정책으로 한 달에 두 번은 영업하지 못하게 했기 때문입니다. 전통시장이나 지역 상인들을 보호하기 위해서죠.

대기업이 자본력을 바탕으로 대형마트를 구석구석 개점해나가고 있습니다. 문제는 사람들이 편리한 시설을 갖춘 대형마트로 몰리면서 전통시장이나 영세 상인들이 경쟁력을 잃어 몰락할 수 있다는 것입니다.

이를 막기 위한 정책이 영업 규제 정책입니다. 대형마트를 운영하는 사람들의 자유와 사익을 일정 부분 제한하면서 다른 공동체 구성원에 대한 의무를 지게 하고 이를 통해 공익을 강조하는 정책인 셈입니다. 여러분은 이 정책에 찬성하나요? 반대하나요?

개인의 자유를 강조하는 사람이라면 이런 규제를 받아들이기 어려울 것입니다. 이는 개인의 재산권 침해이며 영업을 통해 벌어들이는 사익을 제한한다고 볼 수 있기 때문입니다. 이들은 작은 상점이건 대형마트건 각자 개인의 자유를 누리며 경쟁해야 한다고 주장할 것입니다.

반대로 공동체와 사회 구성원의 공존을 강조하는 사람이라면 전통시장이나 영세 상인의 생존권을 위해 아예 대형마트 설립의 자유를 제한하자고 주장할 수도 있습니다. 공동체를 위해서 대형마트를 운영하는 사람들의 희생을 일정 부분 요구하며, 개인 재산의 제한을 주장할 것입니다.

이렇게 사익과 공익, 개인의 권리와 의무가 충돌하면 어느 쪽으로든 결정하기가 쉽지 않죠. 그러나 현실에서는 이런 일이 무수히 많이 일어납니다. 양심에 따른 병역 거부자의 종교의 자유권과 국방의 의무가 충돌하는 문제, 학교 앞에 호텔 등 숙박업을 금하면 개인의 사유재산 권리와 학생들의 교육권이라는 공익이 충돌하는 문제, 정치인의 사생활을 보도할 때 사생활의 자유라는 사익과 국민의 알 권리라는 공익이 충돌하는 문제

등이 그렇습니다.

앞에서 본 것처럼 자유주의적 관점에서는 개인의 자유와 권리를 추구하고 사익을 강조하는 결정을 지지합니다. 반면에 공동체주의자들은 공동체의 가치와 목표를 추구하면서 개인이 공동체에 다해야 할 의무나 공익을 강조할 것입니다.

그런데 사익과 공익, 권리와 의무가 충돌하는 갈등 상황에서 자유주의자와 공동체주의자들처럼 정밀하고 논리적으로 하나의 관점을 적용하여 선택하기란 쉽지 않습니다. 구성원들이 자유주의와 공동체주의 주장에 따라 첨예하게 대립하는 경우에는 더더욱 문제가 될 것입니다.

그러므로 과거 어느 때보다 사익과 공익, 권리와 의무 간의 조화를 이루며 의사결정하고, 이를 통해 정의로운 사회를 만들어나갈 필요가 있습니다.

그러기 위해서는 살아가면서 경험하는 갈등 상황을 자신의 문제로 받아들이고, 그에 대하여 구성원 전체가 의견을 내고, 다양한 의견을 수렴하면서 개인의 사익과 공동체의 공익을 조화롭게 유지하기 위해 노력해야 할 것입니다. 일방적인 권리 주장이나 희생만으로는 문제를 해결하지 못하니까요.

토론 활동 복지를 위한 증세에 대해 토론하기

1. 자유주의 관점과 공동체주의 관점으로 나누어 복지를 위한 증세에 대한 토론을 준비한다.

2. 각자의 관점에서 복지를 위한 증세에 찬반을 주장한다.

3. 복지를 위한 증세와 관련하여 개인과 공동체를 보는 관점을 고려하면서 토론한다.

   (신문기사 중에서 자유주의와 공동체주의가 대립하는 정책 관련 뉴스를 찾아 내용을 파악하고 토론해도 좋다.)

제안 활동 사익과 공익을 고려한 조별 활동 속 규칙과 약속 정하기

1. 고등학교나 대학교에서 과제를 조별로 하는 경우가 있다. 이럴 때 사익과 공익, 또는 서로 간의 권리와 의무를 조화롭게 수행하는 방안을 생각해 본다.

2. 자신의 의견을 제시하고, 그 이유에 대하여 설명한다.

3. 합의한 약속을 전체 구성원 앞에서 소개한다.

3 사회 곳곳에 드리워진 불평등의 그림자

⚠️ 사회 불평등, 성 불평등, 사회 이동, 유리 천장, 지역 불평등

어떤 영화에서는 누가 "모든 국민은 법 앞에 평등하다"라는 헌법 조항을 얘기하니 "대한민국에 그런 달달한 것이 아직 남아 있긴 한가?"[5]라고 응수했습니다. 어떤 드라마에서는 변호사가 재판정에서 "모든 국민은 법 앞에 평등하다"라는 조항을 말하고는 이내 "거짓말"[6]이라고 부르짖습니다.

우리는 많은 재판 결과를 두고 '유전무죄 무전유죄(有錢無罪 無錢有罪)'라면서 평등을 부인하기도 합니다. 그리고 대한민국 헌법에 명시되어 있는 "모든 국민은 법 앞에 평등하다. 누구든지 성별·종교 또는 사회적 신분에 의하여 정치적·경제적·사회적·문화적 생활의 모든 영역에 있어서 차별을 받지 아니한다"라는 말을 믿지 않기도 합니다. 또한 "사회적 특수계급의 제도는 인정되지 아니하며, 어떠한 형태로도 이를 창설할 수 없다"라

는 조문은 사문화(死文化)되었다고 생각합니다.

루소는 『인간 불평등 기원론』이라는 책에서 이렇게 말했습니다. "문명 상태의 다양한 계층에서 보이는 각양각색의 교육과 생활을, 단순하고 단조로운 동물과 미개인의 삶과 비교해보면 인간들 사이의 차이가 자연 상태에서보다 사회 상태에서 얼마나 더 큰지, 얼마나 자연적인 불평등이 제도의 불평등에 의해 한층 더 커지게 되는지를 이해할 것이다."[7)

이 책에서 루소는 문명의 진보가 부, 권력, 그리고 사회적 특권을 만들어냈으며 이것이 자연 상태의 불평등을 사회 불평등으로 공고화했다고 봅니다.

'사회 불평등'이란 무엇일까요? 기본적으로 한 사회에서 부, 권력, 명예 등의 희소가치가 개인이나 집단에 차등적으로 배분되어 구성원들이 차지하는 위치가 서열화한 상태를 말합니다.

사회 불평등은 소득 같은 경제적 측면, 권력 같은 정치적 측면, 교육 기회 같은 사회적 측면 등에서 다양하게 나타납니다. 인도의 카스트제도나 조선시대 신분제도처럼 제도 자체가 아예 사회 불평등을 규정하는 경우도 있었습니다.

다음 몇 가지 사례를 살펴봅시다.

사례 1. 나이가 55세인 두 사람이 있습니다. 한 사람은 대학을 졸업했고 대기업 이사입니다. 회사에서 정기적으로 건강검진을 해주고, 가족과 함께 건강을 위한 식사를 하고, 규칙적으로 운동도 합니다. 조금이라도 아프면 바로바로 치료하여 큰 병 없이 건강하게 지내고 있습니다.

다른 한 사람은 중학교를 졸업하고 조그마한 식당을 운영하다 망했습니다. 지금은 폐지를 모아서 번 돈과 국가 보조금으로 살고 있는데, 식사를 제대로 챙기기도 어렵고 운동하러 갈 돈과 시간은 더더욱 없습니다. 6년 전부터 가슴에 통증이 있었으나 대수롭게 않게 생각했던 것이 폐암으로 밝혀졌습니다.

사례 2. 나이가 55세인 두 사람이 있습니다. 둘 다 같은 대학을 졸업하였으며, 같은 회사를 다닙니다. 한 사람은 회사의 CEO이고 다른 사람은 사원입니다. 두 사람의 한 달 월급은 100배 정도 차이가 납니다.

사례 3. 나이가 50세인 두 사람이 있습니다. 두 사람은 같은 대학을 나왔고, 대학 시절 성적이 비슷했으며, 현재 같은 회사에 다닙니다. 같은 날 입사하여 두 사람 다 쉬지 않고 열심히 일해왔습니다. 그런데 남자인 한 사람은 부장이 되었고, 여자인 다른 사람은 여전히 과장입니다.

사례 1에서 두 사람은 학력, 직업, 소득, 건강, 운동 시간 등 다양한 측면에서 불평등한 상황에 있습니다. 어떤 부분은 선택에 의한 결과지만, 자신의 선택과는 별 관계가 없는 부분도 있습니다. 두 사람의 이런 차이는 왜 생겼을까요? 그리고 그 차이는 공정한가요?

사례 2에서 두 사람은 직급도 월급도 다릅니다. 하는 일이 다르면 어느 정도 임금 차이가 나는 것이 공정할까요?

사례 3에서 두 사람은 성별이 다릅니다. 성별에 따라 능력에 차이가 날까요? 성별에 따라 승진이나 월급에 차이가 나는 것은 공정할까요?

성 불평등과 유리벽, 그리고 유리 천장

과거에 비해 여성의 사회적 지위가 높아져 제도적으로 여성차별은 많이 줄었다. 그러나 경제활동에서 남성과 여성이 평등한가에 대해서는 여전히 "그렇다"라고 답하기가 쉽지 않다. 경제활동에서 성 평등을 이루려면 교육 기회, 고용 기회, 승진 기회에서 차별이 없어야 한다.

이 중 성별 교육 기회 평등은 경제활동에 진입하기 위해서 꼭 필요한데, 우리나라의 경우 이 문제는 상당 부분 해결되었다.

성별 고용 기회가 실제로 평등하게 주어지는가에 대해서는 제도적으로는 해소되었다고 볼 수 있지만 아직 논란의 여지가 있다. 성별 고용 기회가 완전히 평등하지 않다는 증거는 남성과 여성이 일하는 직업의 유형에서 차이가 있다는 것이다. 남성이 더 많이 취업하는 직업의 종류와 여성이 더 많이 취업하는 직업의 종류에서 차이가 있기 때문이다. 이렇게 성별에 따라 직업 영역이 구분되는 양상에 대하여 '유리벽'이라는 표현을 사용한다.

성별 승진 기회의 평등 문제는 여전히 심각하다. 눈에 보이지는 않지만 여성의 승진을 막는 경계가 존재하고, 피해자가 이를 스스로 깨뜨릴 수 없기에 이 한계를 '유리 천장'이라고 표현한다. 우리나라에서는 이를 해소하기 위해 '고위직 여성 할당제' 같은 제도를 도입하였다.

최근에는 여성만이 아니라 외국인이나 장애인 등 다양한 사회적 약자들이 승진에 어려움을 겪을 때도 유리 천장이라는 표현을 사용한다.

유리 천장은 당연히 존재할 수밖에 없는 걸까? 유리 천장을 없애기 위해 무얼 해야 할까?

지역에 따라 누릴 수 있는 것이 다르다

사회 불평등은 개인이나 집단이 경험한다면, '공간 불평등'은 지역 간의 문제로 사회·경제·문화적 수준에 차이가 나타나는 현상입니다. 지역마다 자연환경과 인문환경이 다른 것이 원인이지요. 대표적으로 수도권과 비수도권, 도시와 농촌, 세계적으로는 선진국과 개발도상국 간의 차이를 볼 수 있습니다.

우리나라는 어떨까요? 서울, 경기, 인천을 합쳐서 수도권이라고 하는데, 수도권 면적은 남한의 약 12% 정도를 차지합니다. 그런데 여기에 인구, 금융기관, 병원은 50% 정도가 몰려 있지요. 같은 면적이라도 서울의 강남과 강원도 산지의 땅값 차이는 어마어마합니다.

문제는 공간 불평등이 단순히 지역 차이에 그치는 것이 아니라 경제·사회·문화적 차이, 지역의 이용이나 개발에 차이를 가져온다는 것입니다.

혹시 '게토(ghetto)'라는 말을 들어본 적이 있나요? 이는 유럽에서 유대인을 특정 지역에 분리하여 살게 한 것을 이르는 말입니다. 이 현상이 더 심해진 것은 제2차 세계대전 중이었습니다. 독일 나치가 유대인을 특정 지역에만 거주하게 하여 게토로 만들었지요. 대표적인 지역이 당시 독일이 점령한 폴란드의 아우슈비츠입니다.

그런데 요즘도 게토라는 말을 사용합니다. 주로 가난한 사람들이 밀집해 살고 있는 곳을 가리키는데, 슬럼(slum)이라는 말과 같이 쓰지요. 우리나라에도 이와 비슷한 곳으로 판자촌, 요즘에는 쪽방촌이 있습니다.

오늘날 슬럼이나 게토라고 부르는 지역은 과거와 달리 강제로 이주하게 한 곳이 아닙니다. 하지만 경제적 능력 때문에 다른 선택지가 없었다는

독일 군대에 의해 파괴된 폴란드 바르샤바 게토(1943년)

인도 델리의 게토(2014년)

게토는 원래 유럽에서 유대인을 분리해 거주하게 만든 지역을 가르켰으나 최근에는 주로 가난한 사람들이 밀집해 거주하는 곳을 의미한다.

점에서 게토와 같다고 보지요.

국토개발을 하는 과정에서 공간 불평등이 생기기도 합니다. 서울 강남은 정부가 대대적으로 아파트 건설 붐을 일으킨 지역입니다. 그리고 정책적으로 대기업과 명문 학교 등을 이전하여 땅값이 올라가기 시작했습니다. 이렇게 보면 강남이라는 지역의 현재 가치는 강남 스스로 만든 것이 아니라 국가의 정책 지원이 만든 결과입니다.

또한 사회간접자본◆으로 고속도로나 기차를 건설하면 교통이 편리해지는 지역과 그렇지 않은 지역이 생기지요. 정책으로 특정 지역을 개발하여 행정시설이나 편의시설이 몰리면 생활 조건과 경제적 가치가 높아져서 주변 지역과 공간 불평등이 생기기도 합니다.

이런 불평등, 어쩔 수 없는 것일까요?

신분제는 사라져도 사회 불평등은 남아 있다

사회 불평등은 인간이 살아가면서 어쩔 수 없이 나타나는 현상이고, 어느 사회에서나 있었습니다. 과거 신분제 사회에서는 태어나면서부터 신분이 정해져 있어 개인이 아무리 노력해도 벗어날 수 없었지요. 어떤 사회에서는 일부 낮은 신분을 가진 사람만 세금을 내야 하기도 했고, 천민이라는 이유로 어떤 곳은 아예 출입도 금지하는 등 차별 대우를 했습니다. 낮은 계층에 속한 구성원들은 지독한 차별을 당연하게 여기며 살 수밖에 없었습니다.

그러한 신분제도가 무너지고 현대사회에서 우리는 노력하면 사회적으로 성공하는 것이 가능해졌습니다. 노력으로 사회 이동을 할 수 있게 된 것입니다. '사회 이동'이란 한 사람의 사회적 위치가 원래 있던 곳에서 다른 곳으로 이동하는 것을 말합니다. 더 높은 위치로 이동하면 상승 이동,

---

◆ 사회간접자본 특정한 물건을 생산하는 데 직접 사용되지는 않지만, 간접적으로 다양한 생산 활동에 기여하는 자본을 말한다.

낮은 위치로 이동하면 하강 이동이라고 하지요.

예를 들어 매우 가난했지만 발명품을 개발하여 회사를 설립하고 부자가 된 경우는 상승 이동, 회사의 CEO였으나 회사가 망하여 노숙자가 되면 하강 이동을 한 것입니다.

개인의 위치가 서열화되어 있는 사회 불평등 속에 있다고 해도 신분제도가 없고 노력만 하면 성공할 기회가 충분하고, 자유롭게 사회 이동이 가능하다면, 그리고 서열화된 위치로 인해 차별받거나 제한받는 일이 없다면 그 자체는 문제가 되지 않을 수 있습니다.

그런데 신분제에서 벗어났는데도 사회 이동이 자유롭지 못하고 개인의 위치에 따라 차별이 공공연히 일어난다면 문제입니다. 현대사회에서 우리가 "이 사회는 불평등하다"라는 표현을 할 때는 신분제도나 게토 같은 강제적인 불평등을 말하는 것이 아닙니다. 분명히 성공 가능성이나 기회가 평등하게 주어진다고 하는데 실제로는 그렇지 않고 불평등이 더 견고해지는 양상을 말하는 것이지요. 다음 사례를 생각해봅시다.

사례 4. 학생 두 명이 있습니다. 한 학생은 항상 예습과 복습을 철저히 하고, 열심히 공부하여 좋은 성적을 받습니다. 나머지 한 학생은 수업 시간에 불성실하여 과제도 제대로 내지 않고 시험 공부도 전혀 하지 않아서 나쁜 성적을 받습니다.

사례 5. 다른 학생 두 명이 있습니다. 한 학생은 부모님이 부유해서 비싼 족집게 과외를 받고 좋은 성적을 받습니다. 다른 학생은 가난한 집안을 돕기 위해 아르바이트를 하느라 공부할 시간이 없으며, 과제를 제대로 하지 못하고 잠이 부족해 공부에 집중하지 못해서 나쁜 성적을 받습니다.

사례 4의 두 학생이 받은 성적이 사회 불평등의 결과라고 생각하나요? 그렇지 않을 것입니다. 사례 5는 어떤가요? 이 경우는 얼핏 두 학생의 노력에 차이가 있는 것 같지만, 사실은 부모의 경제력 차이 때문에 결과가 달리 나타났을 가능성이 큽니다.

오늘날에는 과거 신분제도처럼 특정 집단이 특권을 누리거나 제도화된 차별을 가져오게 하는 강제적인 제도는 없습니다. 그러나 사례 5와 같이 종종 자신이 어쩌지 못하는 경제적 요인에 의해 다른 것이 결정되어 불평등이 강화되는 경우가 있습니다. 경제적인 차이가 과거 신분제처럼 신분을 결정하는 것과 같은 효과를 만드는 것이지요.

그런 의미에서 앞서 루소가 말했던 자연 상태의 불평등이 사회제도, 특히 경제적 조건에 의해 사회 불평등으로 강화되는 현상에 대해 생각해보아야 합니다.

2016년에 대학 부정 입학이라는 사회적 범죄를 저질렀음에도 "빽도 돈도 부모도 실력이야"라고 했던 한 실력자의 딸에게 분노한 이유도 생각해보아야 합니다. 연예인 자녀들이 별다른 노력을 하지 않고도 바로 데뷔하는 것에 왜 분노하는지도 말이지요. 그리고 이러한 분노를 승화시켜서, 우리 헌법이 말하는 평등을 이루기 위해 무엇을 해야 하는지 생각해보아야 합니다.

조사 활동 우리나라 소득 불평등에 관한 통계 자료를 찾아 정리하기

1. 통계청 사이트나 기사 검색을 통해 불평등 대물림에 대한 자료를 찾는다.

2. 기사나 자료를 보고 소득 불평등이 완화되는지 또는 심화되는지 구체적인 증거 자료를 찾아 파악한다.

3. 최근의 변화에 대하여 자신의 의견을 제시한다.

탐구 활동 '유리 천장'에 대하여 생각해보기

1. 유리 천장의 의미와 어원에 대하여 조사한다.

2. 우리나라에도 유리 천장이 존재한다는 것을 보여주는 구체적인 통계 자료를 제시한다.

3. 유리 천장이 생기는 이유를 파악한다.

4. 이러한 불평등이 실제로 사회에 어떤 영향을 주는지 의견을 제시한다.

보고서 활동 우리나라 판자촌과 쪽방촌의 역사 정리하기

1. 우리나라 도시의 형성 과정에 대한 자료를 찾아본다.

2. 한 지역을 정해서 도시 개발 과정을 통해 도시가 어떻게 변화되었는지 파악하고, 판자촌이나 쪽방촌의 형성 이유를 알아본다.

3. 정리한 자료를 통해서 우리나라의 공간 불평등 현상이 갖는 문제점을 제시한다.

4. 자료를 정리하여 보고서를 작성한다.

4 사회 불평등, 어떻게 해결할 것인가?

(!) 사회복지, 기본 소득, 문화 자본, 적극적 우대 조치, 역차별, 젠트리피케이션, 지역 균형 개발

기본 소득 실험이라는 이야기를 들어본 적이 있나요? 복지가 발달한 북유럽 국가에서 시도하는 제도인데, 대표적으로 핀란드가 2017년 1월부터 기본 소득 실험을 하고 있습니다. 장기 실업자 중에서 2,000명을 무작위로 골라서 이들에게 매달 73만 원 정도를 지급하는 것입니다.[8]

73만 원이 실업에 대한 복지 비용 아니냐고요? 그렇지 않습니다. 실업자에게 주는 복지 비용은 실업이 끝나면, 즉 취업을 하면 더 이상 주지 않습니다. 그런데 이 실험에서는 실험 대상인 장기 실업자가 받는 실업수당 외에 따로 기본 소득을 더 주며, 취업을 해도 73만 원을 계속 지급합니다.

기존의 복지 비용과 이 제도의 가장 큰 차이는 바로 이것입니다. 그 사

람의 경제적 상태가 변해도, 즉 일정 수준으로 경제적 안정을 이루어도 지원을 계속하는 것이죠. 그래서 이를 '기본 소득'이라고 부릅니다. 핀란드는 왜 이런 제도를 실험했던 걸까요?

실업수당은 취업을 하지 않고 실업수당만 받아 살아야 하는 것으로 취업을 하면 더 이상 받을 수 없습니다. 그래서 일부러 취업을 하지 않고 실업수당을 받으려는 사람이 생길 수도 있지요. 그런데 기본 소득은 취업을 해도 계속 받기 때문에 안정적인 상황에서 노동 의지를 북돋을 거라 기대한 것입니다. 그러니까 핀란드의 기본 소득 실험은 소득 불평등을 개선하면서 그로 인한 문제도 줄여보려는 시도입니다.

핀란드 외에도 여러 나라들이 기본 소득을 실험하고 있거나 준비하고 있습니다. 미국의 실리콘밸리 지역에서는 인공지능의 도입으로 실업자가 늘어날 경우에 대비하는 등 실험의 세부 조건이 다양합니다.

그런데 기본 소득은 국가 재원을 사용해야 하기 때문에 의회의 승인을 받거나 국민투표 등을 통해 지지를 받아야 합니다. 만약 우리나라에서 이런 실험을 한다면 여러분은 찬성하겠습니까?

경제적 불평등을 완화하기 위한 다양한 복지제도

사회 불평등은 다양하게 나타나지만 특히 경제적 불평등이 미치는 영향은 상당히 큽니다. 사회·정치적 불평등 같은 다른 불평등에도 영향을 주지요. 그래서 경제적, 특히 소득 불평등을 완화하기 위한 다양한 정책들이 나오고 있습니다. 이는 소득 불평등이 개인의 노력 여부에 따른 것이 아니라 사회구조적인 영향일 수 있다는 점도 고려한 것입니다. 앞에서 읽었던 루소의 주장을 생각해보세요.

한 사람이 빈곤에 처했다면, 그건 그 사람의 게으름이나 무능력 같은 개인적 측면 때문이라기보다는 근본적으로 불리한 상황이 개선되지 않는 사회구조적 측면 때문인 경우도 많습니다. 어느 순간에 적절한 도움을 주면 빈곤에서 벗어날 수 있는 사람들도 있고요. 이런 사정을 고려해 빈곤 등 경제적 어려움에 처한 사람들을 지원하여 사회 불평등을 완화시키는 정책이 필요합니다. 그것이 바로 '복지제도'입니다.

복지제도는 산업혁명으로 경제적 불평등을 경험한 영국에서 시작되었습니다. '요람에서 무덤까지'라는 슬로건을 걸고 전 생애에 필요한 복지 지원 제도를 만들었는데, 이것은 이후 북유럽 여러 나라의 복지제도에 영향을 미쳤습니다. 우리나라도 영향을 받아 다양한 복지제도를 운영하고 있습니다. 크게는 공공부조와 사회보험 제도를 중심으로 사회 서비스까지 제공하지요.

공공부조는 어려움에 처한 집단이 최소한 인간다운 삶을 살 수 있도록 정부 재원을 중심으로 지원하는 것을 말합니다. 기초 수급자를 지원하는 국민기초생활보장제도가 대표적입니다. 사회보험은 전 국민을 대상으로 실업이나 병 등 다가올 위험을 예방하는 차원에서 당사자와 고용주, 정부가 함께 재원을 모으는 공적인 보험입니다. 의료보험 제도가 대표적입니다. 사회 서비스는 국민 전체를 대상으로 상담, 재활 등 다양한 서비스를 제공하는 것입니다.

사회복지 제도는 어려움에 처한 사람의 인간다운 삶을 지원하기도 하지만, 소득 재분배 효과도 있어서 사회 불평등 완화에 도움이 됩니다. 그런데 복지제도를 통해 경제적으로 도움을 받은 집단이 무기력해져서 일상으로 복귀하지 않는 등, 복지병이 나타난다는 비판을 받으면서 복지의 방향이 바뀌고 있습니다. 생산적 복지 논의가 그것입니다. 복지 지원을 하더라도 이를 기반으로 다시 경제활동을 할 수 있도록 지원하자는 것이지요.

이런 생산적 복지의 방향이 틀린 건 아닐지라도, 복지를 국가 재정 낭비로 오해하는 것은 문제입니다. 복지제도는 사회 불평등이 개인의 문제 때문이 아니라 사회적으로 나타난 결과라고 보는 데서 출발했기 때문입니다.

문화적 지원으로 사회 불평등을 완화하다

2015년에 구스타보 두다멜(Gustavo Dudamel)이라는 베네수엘라 출신의 지휘자와 미국 LA필하모닉이 내한 공연을 했습니다. 사람들은 LA필하모닉보다는 지휘자인 구스타보 두다멜에 큰 관심을 보였는데요. 이유는 그가 엘 시스테마(El Sistema) 오케스트라 출신이기 때문입니다.

엘 시스테마는 어려운 환경 속에서 마약이나 범죄에 빠져드는 아이들을 보호하기 위해 베네수엘라의 경제학자인 호세 안토니오 아브레우(José Antonio Abreu) 박사가 시작한 음악 교육 운동입니다. 현재는 베네수엘라 정부와 세계의 음악인, 민간 기업의 지원을 받고 있습니다. 엘 시스테마는 기본적으로 아이들을 마약과 범죄에서 벗어나게 하는 것을 목적으로 하지만 더 나아가 아이들이 놀 권리를 누리고 문화를 향유하면서 자신감을

엘 시스테마를 시작한 아브레우 박사(왼쪽)와 엘 시스테마 출신의 지
휘자 구스타보 두다멜(오른쪽 뒤)

회복하고 삶을 바꾸는 경험을 제공하고자 합니다.

　이처럼 어떤 집단에는 단순한 경제적 지원보다 예술이나 체육 활동 등
문화적 지원이나 교육적 지원 등 삶의 가치를 개선하는 복지 지원도 함
께 시행하는 것이 필요합니다. 복지를 위해서는 경제적 상황 개선만이 아
니라 삶을 바라보는 가치를 바꾸는 것도 중요하니까요.

　그래서 때로는 노숙자들을 대상으로 '인문 고전 읽기' 프로그램을 운
영하여 스스로 삶의 가치를 찾게 하는 지원이 경제적인 지원보다 더 큰

영향을 미치기도 합니다.

우리나라에서도 베네수엘라의 엘 시스테마처럼 어려운 청소년이 오케스트라 활동을 하도록 지원하는 문화·예술적 복지 지원을 실행하고 있습니다.

문화적 지원을 강조하는 이유는 프랑스 사회학자인 피에르 부르디외(Pierre Bourdieu)가 말하는 아비투스(Habitus)나 문화 자본과도 관련이 있습니다. 사회 불평등의 중요한 양상은 계층으로 나타나는데, 부르디외는 계층이 경제적인 측면에서만이 아니라 문화적 취향에 의해서도 결정된다고 봅니다.

여기서 말하는 문화는 예술 등의 좁은 의미가 아니라 삶의 양식입니다. 어떤 사람은 클래식을 좋아하고 어떤 사람은 유행가를 좋아합니다. 어떤 사람은 짜게 먹고 어떤 사람은 건강식을 먹지요. 표준어를 쓰는 사람이 있는가 하면 사투리를 쓰는 사람도 있습니다. 이 모든 선택은 개인적인 취향만이 아니라 특정 집단, 계층, 지역에 속한 결과로 나타납니다. 이를 부르디외는 후천적으로 형성된 아비투스라고 부릅니다.

아비투스 형성에는 부모의 경제 자본만이 아니라 부모의 문화적 수준인 문화 자본에 의해서도 영향을 받습니다. 아무리 경제적 여건이 개선되어도 문화적 수준이 개선되지 않으면 사회 불평등에 노출될 수밖에 없지요. 이럴 때 예술이나 인문적 가치를 가르친다면 취향, 즉 아비투스를 개선하는 데 도움이 되고, 문화 자본을 가질 수 있다고 봅니다.

따라서 빈곤을 비롯해 상대적으로 낮은 계층에 속한 사람들이 일상적 삶의 취향을 개선하도록 지원하면 계층 간 사회 이동에 긍정적인 영향을 미치고, 사회 불평등을 완화시키는 데 중요한 역할을 할 것이라고 보는 것입니다. 이러한 효과를 확인시켜준 것이 엘 시스테마이며, 그 대표적인 인물이 바로 구스타보 두다멜입니다.

'삶의 조건을 적극적으로 개선해야 한다' vs
'우대 조치는 역차별이다'

경제·문화적 지원만으로는 사회 불평등으로 인해 어려움을 겪는 사람들의 삶을 개선하는 데 한계가 있습니다. 이것만으로는 불리한 개인의 조건을 모두 바꿀 수 없기 때문입니다. 예를 들어 경제·문화적 지원을 받아도 장애 또는 이주민이라는 조건은 변하지 않습니다. 경제적 지원을 한다고 해서 가난에서 바로 벗어날 수 있는 것도 아닙니다.

그래서 사회적으로 불리하게 작동하는 개인의 조건을 조금 유리하게 개선해서 불평등을 완화시키려는 노력도 있습니다. 이에 해당하는 것이 바로 '어퍼머티브 액션(affirmative action)'이라는 적극적 우대 조치입니다. 적극적 우대 조치는 사회적 약자나 소수자가 사회적 성공 기회에서 조금 유리한 위치에 설 수 있게 하는 제도적 장치를 말합니다. 대학 입시나 취업, 승진 등에 많이 적용하지요. 특정 인종이나 민족, 여성, 지역 인재, 특정 집단의 자녀, 장애인 등에게 입학, 취업 등에 가산점을 부여하는 방식이 대표적입니다.

물론 이에 반대하는 사람들도 있습니다. 이들은 차별이 있었다면 그 차별을 금지하면 되고, 그다음에 개인적으로 노력하면 누구나 성공 기회를 잡을 수 있다고 주장합니다. 그렇게 편견이나 차별 자체만 없애면 된다는 것이지요.

그러나 적극적 우대 조치에 찬성하는 사람들은 차별을 해온 이전 사회 제도에 대한 보상 차원에서라도 유리한 조건을 만들어주어야 한다고 말합니다. 또한 편견이나 차별을 없애더라도 사회적 약자들이 성공 기회를 잡기는 어렵기에 제도적으로 불평등을 완화할 수 있게 적극적 지원이 필요하다는 입장입니다.

문제는 적극적 우대 조치를 적용했을 때 '역차별'이 생길 수 있다는 점입니다. 역차별은 우대 조치의 도입으로 인해 다른 집단이 당하는 차별을 일컫는 말입니다. 미국의 한 대학원에서 신입생을 뽑으면서 특정 인종에게 적극적 우대 조치를 적용하여 점수를 더 많이 부여하자 원래대로라면 합격할 수 있었던 백인 학생이 불합격하게 되었습니다.

그러자 그 학생은 이 제도가 헌법이 정하는 '평등' 가치를 위배하고 새로운 차별인 역차별을 일으킨다며 소송을 제기했고, 결국 승소했습니다. 그러나 당시 재판부는 대학의 적극적 우대 조치가 대학 구성원의 다양성 가치를 존중하는 등 긍정적 측면도 있다면서 제도를 개선하여 적용하기를 권했습니다.

입시나 취업에서 나타나는 역차별 문제를 해결하기 위해 미국을 비롯한 여러 나라들은 적극적 우대 조치를 두 가지로 제도화했습니다. 하나는 가산점을 낮추는 것입니다. 또 다른 하나는 '정원 외'로 입학이나 취업이 가능하게 해서 다른 집단에 피해를 주지 않는 방법입니다. 그럼에도 불구하고 적극적 우대 조치로 인한 역차별을 문제 삼아 반대하는 이들이 여전히 있습니다.

적극적 우대 조치는 정의로운 것일까요, 아닐까요?

젠트리피케이션과
삶의 터전을 잃어가는 지역 주민들

최근 공간 불평등 문제를 해결하는 정책 방안들이 논의되고 있습니다. 우리나라는 균형 개발을 통해 저개발된 지역을 개발하여 공간 불평등을 해소하려고 합니다. 수도권과 지역의 격차를 줄이기 위해 지방으로 공공 기관을 이전하는 것도 이에 속합니다. 수도권의 다양한 자원을 지역으로 분산시켜서 다른 지역에도 활력을 찾게 하자는 것이지요.

공간 불평등과 관련하여 최근 가장 중요하게 논의해야 할 것은 바로 '젠트리피케이션(gentrification)'입니다. 젠트리(gentry)는 영국에서 공작, 자작 같은 귀족 밑에 있는 신분을 총칭하는 것으로, 넓은 의미로는 가문이 좋은 상류층을 말합니다. 이들은 상업적으로 성공한 자유민인 부르주아와도 구별됩니다. 젠트리는 가문으로부터 물려받은 토지 등 재산을 가지고 여유로운 삶을 살던 계층입니다.

그런데 산업화에 성공한 영국에서 도시가 급격히 성장하자, 젠트리들이 노동자들이 많이 사는 낙후된 도심의 집들을 사들인 다음 새롭게 건축을 하여 도시로 이주하기 시작했습니다. 이처럼 특정 지역의 공간·문화적 특징이 바뀌는 것을 주도한 젠트리의 이름을 따서 젠트리피케이션이라는 용어가 생겼습니다.

한편, 이 젠트리들이 이주하면서 원래 그곳에 살던 노동자들은 환경이 더 안 좋은 지역으로 밀려나게 되었습니다. 이런 일이 반복되자 젠트리피케이션은 단순히 공간적 특성이 바뀌는 현상이 아니라, 재개발로 인해 가치가 높아진 탓에 원래 살던 주민들이 외곽으로 밀려나는 불평등한 현상을 지칭하게 되었습니다.

우리나라도 판자촌이나 쪽방촌이 재개발되면 원래 살던 사람들은 더 싼 곳을 찾아서 이주하고, 재개발된 곳에는 중산층이 입주하지요. 임대인이 개발이 덜 된 상가 지역에 싼 임대료를 내고 들어가서 상가를 활성화시켰는데, 얼마 지나지 않아 집주인이 임대인을 내보내고 더 비싼 임대료를 받으려고 하는 현상도 젠트리피케이션이라고 봅니다.

젠트리피케이션이 생기는 이유도 알고 보면 경제적 불평등 때문입니다. 이에 여러 지역이 해결 방안을 찾으려고 합니다. 그중 하나는 지역 개발 때문에 원주민이 밀려나는 것을 막기 위해, 개발 과정에 주민의 의견을 반영하는 것입니다.

대표적인 것이 통영의 동피랑 마을 벽화 사업입니다. 이 지역에 재개발 논의가 나오자 임대로 거주하던 사람들은 다른 지역으로 내몰리는 처지가 되었습니다. 그러자 사람들이 마을에 벽화를 그리기 시작했고, 그렇게 지역 가치가 높아져 관광객이 늘자 재개발 논의가 사라졌습니다. 동피랑 마을의 벽화 사업은 유네스코한국위원회에서 '지속 가능한 마을 개발 사업'으로 선정하기도 했지요.

비슷한 방식으로 벽화 사업을 통해 경관을 바꾸고 관광지가 되어 사람들이 몰리는 곳이 많아졌습니다. 부산의 감천문화마을, 서울의 이화벽화마을 등이 이에 해당하며, 이 외에도 여러 곳에 벽화 마을이 생겼습니다. 한편 벽화 마을이 관광지가 되면서 사람들이 몰려들자, 그곳에 사는 사람들이 일상생활을 하기 어렵다는 문제도 나타나고 있습니다. 하나의 문제가 해결되면 또 다른 문제가 생기는 셈입니다. 이 또한 지혜롭게 해결할 방법을 찾아야겠지요.

골목 상권을 개발한 임대인들이 개발에 기여한 이익을 전혀 누리지 못하고 쫓겨나는 것을 막기 위해 지방 정부가 관여하는 일도 늘어났습니다. 임대차 계약을 10년 정도 장기간으로 하자는 제안을 내놓거나 아예 골목의 관련자들을 협동조합으로 구성하여 개발 이익을 공유하거나 공정하게 분배하는 방식 등을 논의하기도 합니다.

이렇듯 다양한 사회 불평등 양상을 해결하려면 적극적인 문제 제기가 필요하다는 것을 알 수 있습니다. 시민들은 사회 불평등이 어떤 문제점을 가지고 있는지, 정부가 개입해야 할 이유가 무엇인지를 잘 파악하여 논의해야 합니다. 그리고 정의롭게 불평등을 완화시키도록 사회적 합의를 해야 합니다.

보고서 활동 세계 여러 나라의 기본 소득 도입에 대한 실험을 보고서로 작성하기

1. 기본 소득의 의미와 개념을 이해한다.

2. 기본 소득 도입을 두고 사회적 논의를 시작한 나라들, 이미 실행하고 있는
   나라들의 현황을 파악한다.

3. 기본 소득 도입 논의와 실험 양상의 차이를 비교한다.

4. 우리나라에서는 기본 소득 도입에 대해 어떤 방식으로 논의할 수 있을지,
   나의 의견은 어떤지 정리해서 보고서를 작성한다.

조사 활동 우리 사회의 적극적 우대 조치 정책을 찾아보기

1. 사회적 약자를 대상으로 입학, 취업, 승진 등에서 우대 조치를 하는 정책
   을 하나 찾아본다.

2. 그 정책과 관련된 법률을 조사하고 법률을 통해 정책의 목적과 주요 내용
   을 파악한다.

3. 그 정책 때문에 역차별이 일어날 가능성은 없는지 고려해본다.

4. 정책에 대한 찬반 의견을 정리한다.

조사 활동 젠트리피케이션이 해결된 지역 조사하기

1. 영국의 쇼디치(Shoreditch), 우리나라의 동피랑 마을처럼 젠트리피케이션
   이 해결된 지역을 찾아본다.

2. 해당 지역의 젠트리피케이션에서 제기된 문제가 무엇인지 정리한다.

3. 해결 방안을 논의하는 과정을 시계열적으로 정리한다.

4. 해결 방안에 대한 나의 의견을 제시한다.

벼타작

문학	미술	영화	뮤지컬
	V		

조선 후기의 대표적인 화가인 단원 김홍도의 풍속화 작품이다. 『단원풍속도첩』에 들어 있는 25장의 그림 중 하나다. 현재 국립중앙박물관이 소장하고 있다. 가을에 벼타작하는 모습을 보여주는데, 타작 일을 하는 사람들과 느긋하게 드러누워 이를 바라보는 양반의 모습에서 당시 신분제의 특성을 엿볼 수 있다.

주제 던지기

신분제가 없어지기는 했지만 지금도 직업에 따라 지위와 사회적 평판이 나뉘고 임금도 다르게 받는다. 이와 관련하여 두 가지 주장이 가능하다.

주장 ① 직업별로 임금에 차등이 있는 것이 정의롭다.

왜냐하면 어떤 직업을 갖기 위해 투자해야 하는 비용이 다르고 사회에 기여하는 정도도 다르므로 그에 따라 대가도 달라져야 하기 때문이다. 그렇지 않다면 사람들은 사회적으로 중요하고 비용이 많이 들어가는 직업을 갖지 않을 것이고, 이에 따라 다양한 분야에서 적합한 사람들이 일하는 것이 어려워진다. 그러면 사회가 안정적으로 작동하지 못해 모두가 곤란에 빠진다. 결국 모두를 위해 직업에 따라 임금을 차등적으로 분배하는 것이 정의롭다.

주장 ② 직업별로 임금에 차등이 있는 것은 정의롭지 못하다.

왜냐하면 어떤 직업이든 사회적 중요도가 있으며, 어느 직업이 더 중요하고 그렇지 않은지 명확하게 구별하는 것은 불가능하기 때문이다. 사회적으로 영향력이 있는 사람들이 사회적 기여도가 높은 직업과 아닌 직업을 구별할 뿐이다. 이런 사회에서 사람들은 자신이 잘할 수 있는 직업보다 돈을 많이 받고 존경받는 직업만 가지려고 할 것이다. 그러면 사회적 자원을 효과적으로 분배하기가 어려워진다. 결국 사회 모두를 위해서 직업에 따른 임금에 큰 차이를 두지 않는 것이 정의롭다.

토론 주제

직업별로 임금을 차등 분배하는 것은 정의로운가?

3장

다양한
문화 속에서
함께 살아가기

※ 문화와 다양성

하나의 그림에는 수많은 색채가 담겨 있다.
하나의 색깔로만 칠해진 그림은 어디에도 없다.
수많은 색채들이 어울려서 하나의 명작을 만들어낸다.

—헤르만 헤세(독일의 작가)

1 문화에 따라 달라지는 삶의 양식

문화권, 경계, 북극 문화권, 건조 문화권, 이슬람 문화권, 기독교 문화권, 불교 문화권

사회심리학자인 리처드 니스벳의 『생각의 지도』[9]라는 책에는 퀴즈 아닌 퀴즈가 나옵니다. 여러분도 천천히 생각해보세요. 소, 닭, 풀이 각각 그려진 그림을 보여주면서 "이를 두 개의 범주로 구분해보세요"라는 주문을 받는다면 어떻게 해야 할까요? 먼저 생각해보고 친구에게도 권해보세요. 결과는 어떻게 나왔나요?

책에서는 사람들이 크게 두 가지로 유형으로 구분한다고 말합니다. 소, 풀을 한 범주로 묶고 닭을 따로 두는 경우, 소와 닭을 한 범주로 묶고 풀을 따로 두는 경우가 그것입니다.

여러분은 어디에 속하나요? 저자는 소+풀, 닭으로 구분하는 양상은 주로 동양인에게서, 소+닭, 풀로 구분하는 양상은 주로 서양인에게서 나타난다고 합니다.

아리스토텔레스의 철학을 기반으로 하는 서양에서는 개체의 특징을 분석하고 유사성을 고려하여 동물과 동물이 아닌 것으로 구분하는데, 공자의 철학을 기반으로 하는 동양에서는 관계성을 고려하여 소가 풀을 먹기 때문에 소와 풀을 묶고 닭과 구분한다고 저자는 설명합니다. 동양과 서양의 무수한 차이를 너무 단순화하여 적용했다는 생각이 들기는 하지만, 주변 사람들에게 이 퀴즈를 내보니 어쩌면 니스벳의 주장이 맞지 않을까 하는 생각이 들었습니다.

지구상의 무수히 많은 사람들을 동양과 서양, 이렇게 두 범주로 구분하는 데에는 무리가 있을 것입니다. 그럼 어떻게 구분할 수 있을까요? 사람들의 삶의 모습, 즉 문화를 유사한 양상으로 묶어서 살펴보는 방식이 존재합니다. 그중에 하나가 '문화권'입니다.

문화권을 이야기하기 전에 우선 '문화'에 대하여 살펴봅시다. 문화라는 말을 좁게 해석하면 '교양이 있는' '예술' 등을 의미하지만 넓게는 '삶의 양식'을 말합니다. 의식주, 언어, 종교, 가치 등 살아가면서 행하는 거의 모든 것이 여기에 해당되지요. 문화권은 이러한 문화가 동질적으로 나타나는 지리적인 범위를 하나의 권역으로 묶은 것이라 볼 수 있습니다.

문화권은 어떻게 나눌까?

하나의 문화권으로 묶으려면 문화가 유사해야겠지요. 인간의 문화는 자연환경의 영향도 많이 받지만, 이웃한 지역과 오랫동안 교류하면서 문화가 전파되기도 합니다. 그러나 바다, 강, 높은 산 등 자연적인 경계에 부딪치면 교류를 하기 어렵습니다. 그러므로 문화권을 형성하는 데 자연환경은 중요한 경계입니다.

세계를 특정 문화권으로 나누기는 쉽지 않습니다. 명확한 범주를 가지고 세계 여러 지역을 정확하게 분류할 수 없다는 거죠. 다만 문화에 영향을 주는 몇 가지를 고려하여 이렇게 시도해볼 수 있습니다.

기본적으로 문화는 환경의 영향을 받습니다. 기후나 지형 같은 자연환경이 의식주, 가치관, 종교 등에 영향을 미치지요. 자연환경만 문화권 형성에 영향을 주는 것은 아닙니다. 언어, 종교, 산업 같은 인문환경으로 인해 동일한 문화권으로 묶이기도 합니다.

그러다 보니 전 세계를 하나의 기준으로 구분하기보다는 자연환경이나 인문환경을 고려하여 근접한 지역 간의 문화적 유사성에 따라 각기 다른 문화권으로 구분합니다. 세계 전체를 문화권으로 구분할 때는 대표적으로 북극 문화권, 유럽 문화권, 아시아 문화권, 오세아니아 문화권, 아프리카 문화권, 서남아시아와 북아프리카 문화권, 앵글로아메리카 문화권, 라틴아메리카 문화권으로 나눕니다.

그렇다고 위의 구분만이 옳은 문화권 구분은 아닙니다. 사람들마다 자신이 보고자 하는 것에 초점을 두어 문화권을 설정할 수 있지요. 예를 들어 음식을 먹는 방법에 따라 젓가락 문화권, 포크 문화권, 그리고 손으로 먹는 수식 문화권으로 구분해볼 수 있습니다.

젓가락 문화는 주로 한국, 중국, 일본 등 동아시아 지역에서 나타나고 주식이 밥인 경우가 많습니다. 포크 문화권은 주로 유럽과 유럽의 영향을 받은 지역에서 나타나며, 주식이 고기와 빵인 경우가 많습니다. 수식 문화는 서남아시아나 인도, 아프리카 등에서 나타나는데, 더운 지역이 많습니다.

음식을 먹는 방법으로 나눈 이 3개의 문화권이 형성된 근본적인 이유를 명료하게 이론적으로 설명하기는 어렵습니다. 다만 현재 문화가 나타난 양상을 보고 유사한 방식을 사용하는 인근 지역을 묶어서 구분한 것뿐입니다.

이런 점을 고려하면 문화권은 특별한 기준에 따라 분명하게 지역을 나누는 방법이라기보다는, 여러 지역 문화의 유사성과 차이점, 교류 등을 이해하기 위한 인위적인 구분으로 보아야 할 것입니다.

거친 자연환경 속에서 탄생한 문화권들

유사한 자연환경에 적응하거나 극복하는 과정에서 독특한 삶의 양식이 나타나서 문화권을 형성하기도 합니다. 기후나 지형 등 자연환경의 영향을 받은 대표적인 문화권으로 바로 '북극 문화권'과 '건조 문화권'이 있습니다.

북극 문화권에는 북극 주변의 러시아, 캐나다 북부 지방 등이 포함됩니다. 주로 툰드라 기후대인데 추운 환경에서 지을 수 있는 얼음집을 짓고 살아갑니다. 가축으로는 추운 지역에서 살 수 있는 순록을 키우고요. 북극 주민들은 순록 고기로 음식을 해 먹고, 순록 가죽으로 의복과 신발을 만듭니다. 뼈를 이용해서는 장식품을 만들지요. 이동에는 순록이 끄는 수레를 이용하기도 합니다.

건조 문화권은 아시아의 고비사막을 지나 서남아시아, 그리고 사하라 사막이 있는 북아프리카까지 연결하는 곳으로 연평균 강수량이 아주 적

순록 썰매를 타고 이동하는 사람들. 추운 지방에서 살 수 있는 순록은 북극 문화권에서 쉽게 볼 수 있는 가축이다.

은 건조 기후대 지역을 말합니다. 강수량이 적다 보니 초원이나 사막이 많아서 대부분 유목을 하고 일부는 오아시스에서 농사를 짓습니다. 주식은 유목으로 키우는 가축인 경우가 많습니다. 종교는 대체로 이슬람교가 많고요. 이 지역에서는 종교적 금기로 돼지고기를 먹지 않는 경우가 많습니다. 이는 이슬람 종교의 영향이라고 보기도 하지만, 돼지는 키우는 데 물이 많이 필요하므로 이를 고려해서 종교적 금기로 삼았을 수 있다는 주장도 있습니다.

사실 현대에는 북극 문화권이나 건조 문화권의 고유한 문화들이 많이 사라지고 있습니다. 매장된 자원이 개발되면서 경제적으로 여유가 생기고, 세계적으로 문화 교류가 이루어지고, 기술이 발달하면서 기후나 지형의 한계를 극복해 자연환경의 영향력을 뛰어넘었기 때문입니다.

인문환경에 따라 문화권을 구분한다면?

'아시아적 가치'라는 말을 들어본 적 있나요? 일본과 한국, 싱가포르 등 아시아 지역의 경제 성장을 설명하면서 나온 표현입니다. 이 표현은 말 그대로 아시아 지역 국가들의 경제 성장이 가부장적이고 권위주의적인 가치와 가족적 인간관계를 회사에 적용한 결과라고 봅니다. 사실 아시아적 가치[10]는 유교에서 강조하던 것과 일부분 관련이 있다는 점에서 어쩌면 적절한 설명일 수 있습니다.

이처럼 특정 지역 사람들의 가치나 사고, 종교 같은 인문환경에서 유사성을 보이는 지역을 묶어서 문화권을 제시할 수 있습니다.

대표적인 것은 종교에 의한 문화권 구분입니다. 종교는 사람들의 가치나 규범 등에 영향을 주고, 제례의식 등을 통해 의식주에도 깊숙이 영향을 미칩니다. 세계적으로 영향력이 큰 종교는 이슬람교, 기독교, 불교 등입니다. 그러므로 이슬람 문화권, 기독교 문화권, 불교 문화권으로 구분할 수 있지요.

이슬람 문화권에서는 코란(koran)◆을 경전으로 삼고 알라신을 믿습니다. 매일 메카를 향해 정해진 시간에 예배를 하거나 라마단이라는 기간에 단식을 하는 등 일상에 미치는 종교의 영향력이 큰 편입니다. 이슬람 교리는 돼지고기와 술을 금지하고 있습니다. 그래서 술 대신 커피를 비롯한 다양한 음료가 발달했습니다. 여성은 히잡◆ 등으로 의상을 제한하고

◆ 코란 이슬람교의 경전으로, 이슬람교의 창시자인 무하마드가 들은 천사의 계시를 정리한 것이다.
◆ 히잡 이슬람 교리에 따라 여성들이 외출할 때 사용하는 얼굴 가리개의 일종이다. 히잡은 머리만 가리고 얼굴을 드러내는 스카프이며, 니캅은 눈을 제외한 얼굴 전체와 몸을 가린다. 몸 전체와 얼굴을 완전히 가리는 의상형이 부르카, 얼굴을 내놓고 전신을 가리는 의상이 차도르이다.

사회적 활동에 대한 제약도 있는 편입니다.

기독교 문화권은 성경을 경전으로 삼고 유일신을 믿습니다. 주말에 예배를 드리며, 십계명으로 일상생활에서 지켜야 할 규범을 강조하지만, 사람들의 일상에 미치는 영향력은 많이 줄어들었습니다. 종교 제례에서 와인을 사용하는 경우도 있고 종교적 상징으로도 와인을 활용하기 때문에 기독교 문화에서 와인은 중요한 술입니다.

불교 문화권은 불경을 경전으로 삼습니다. 윤회를 강조하며 현생에서 다른 이들에게 선을 베푸는 것을 강조합니다. 또한 생명 경시를 문제 삼고 동물을 함부로 죽이는 것을 금하기 때문에 채식을 지향하지요.

산업별로 문화권을 엮는 것도 가능합니다. 크게 농업·유목·공업지역별로 문화가 달리 나타납니다. 농업지역은 집에 농기구를 보관하거나, 농산물을 말릴 수 있는 공간을 집 옆에 두는 경우가 많죠. 유목을 하는 경우는 이동이 쉽도록 게르처럼 해체와 조립이 간편한 집을 만듭니다. 공업지역에서는 가정과 직장 공간이 구별되기 때문에 집은 오로지 가족의 생활을 위한 공간으로만 활용하는 경우가 많습니다.

산업의 특성에 따라 인간관계 방식이나 생활 패턴, 시간 사용, 여가 방법도 달라집니다. 농업지역에서는 이웃 간에 협동을 강조한다면, 공업지역은 무관심한 편입니다. 농업지역 주민은 농한기에 휴식을 취하지만 공업지역 주민은 주말이나 특정 기간에 휴가를 떠납니다.

그러나 현대에 들어와서는 이러한 산업별 생활양식의 차이도 많이 줄어들고 있습니다.

다양한 요소가 복잡다단하게 얽혀 있는 문화권

우리의 생활방식은 단순히 하나의 측면으로 결정되지 않습니다. 문화권도 마찬가지입니다. 문화권에도 다양한 요소가 결합되어 나름의 문화현상이 나타나지요. 그러므로 같은 문화권 안에 있더라도 그 안에서 또다른 문화권을 형성할 수 있습니다.

아시아 문화권에는 쌀을 주식으로 먹는 지역이 있는가 하면 밀가루나 고기를 주식으로 하는 지역도 있습니다. 자연환경에 따라 주요 산물이 다르기 때문입니다. 아시아 문화권 안에도 이슬람교를 믿는 집단과 불교 또는 힌두교를 믿는 집단별로 가치관이나 의식이 다르고 생활풍습에도 차이가 납니다. 그러므로 하나의 문화권이 하나의 환경 요소에만 영향을 받지 않고, 자연환경과 인문환경이 서로 영향을 미치는 것으로 보아야 할 것입니다.

한편 점차 여러 지역 간에 교류가 증가하면서 하나의 문화가 다른 문화에 영향을 주자 각 문화권의 고유한 특징이 줄어들었습니다. 매체의 발달로 인해 여러 문화를 동시에 접하게 되어 특정 문화의 고유성이나 폐쇄성이 줄어든 것도 그 이유 중 하나입니다. 그래서 문화권으로 특정 지역의 문화를 한정하는 일은 점점 어려워지고 있습니다.

제작 활동 **특정 문화권을 홍보하는 팸플릿 만들기**

1. 문화권을 하나 정하고 그 문화권을 선정한 이유를 정리한다.

2. 문화권을 잘 보여주는 사진 자료 등을 구한다.

3. 문화권에 대한 설명을 담아 6장이나 8장으로 접을 수 있는 팸플릿을 만들고 꾸민다.

학급 활동 **문화권 박람회 열기**

1. 학급 모둠을 6개 이상 만든다.

2. 모둠별로 다룰 문화권을 하나씩 정한다.

3. 해당 문화권별로 소개할 자료(PPT, 벽보, 실물 자료, 식기, 의상 등)를 구한다.

4. 교실을 나누어 모둠별로 소개할 문화권 부스를 설치하고 사람들에게 공개한다.

2 끊임없이 충돌하고 섞이며 세상을 움직이다

> ⚠ 문화 변동, 발명, 발견, 직접 전파, 간접 전파, 자극 전파, 문화 접변,
> 문화 융합, 문화 동화, 문화 병존, 전통문화

석굴암은 경주 토함산에 있는 우리나라의 대표적인 불교 유적입니다. 1995년에 유네스코 세계문화유산으로 등재될 정도로 예술적 정교함이 살아 있습니다. 석굴암의 중앙에 있는 본존불상을 제대로 알기 위해서는 먼저 간다라 양식을 이해해야 합니다.

간다라는 파키스탄에 있는 페샤와르 지역의 옛 지명입니다. 재미있는 것은 아시아에 속한 이 지역이 2,400년 전에 알렉산더 대왕에 점령당해서 오랜 기간 그리스의 영향권 안에 있었고, 유럽과 인도를 오갈 때 꼭 거쳐야 하는 지역이라서 수많은 민족의 문화가 섞여 있다는 점입니다.

기원전 4세기경에 마케도니아의 왕이었던 알렉산더 대왕은 지금의 그리스, 터키, 이집트, 이란, 인도 등 유럽과 아프리카, 서남아시아 및 중앙아시아에 이르는 대제국을 건설합니다. 그리고 동서문화융합정책을 강

석굴암 본존불상의 정면 모습. 본존불상에는 그리스 조각 기법부터 인도 불교에 이르기까지 다양한 문화가 스며들어 있다.

조하였고, 그리스의 문화가 아시아 지역의 오리엔트 문화에 스며들면서 만들어진 헬레니즘 문화가 탄생했습니다. 이 헬레니즘 문화가 인도의 불교 문화에 섞여 간다라 양식의 불상이 만들어졌습니다.

즉 간다라 양식은 간다라 지역에서 그리스 조각상의 영향을 받아 나타난 것으로, 그리스의 조각 기법을 활용한 것입니다. 그래서 유명한 그리스의 조각 중 하나인 비너스상 같은 모습을 불상에서도 볼 수 있습니다. 간다라 양식은 중국을 거쳐 우리나라에까지 영향을 미쳤고, 석굴암의 본존불상에까지 스몄습니다. 그리고 일본의 불상에 영향을 미치게 됩니다.

문화 변동은 왜 일어날까?

인간의 삶은 시간의 흐름 속에서 변화하고, 마찬가지로 문화도 변합니다. 특히 한 사회의 문화가 크게 변하여 사회 전반에 큰 영향을 미치는 것을 '문화 변동'이라고 합니다.

문화 변동은 다양하게 나타납니다. 먼저 불의 발견처럼 사회의 내재적 요인에 의해서 나타나는 경우가 있습니다. 내재적 요인은 크게 '발명'과 '발견'으로 나눌 수 있습니다.

우리나라에서는 세종대왕 시기에 발명한 한글로 인해 백성들이 문자를 사용하게 되면서 소통이 쉬워지고, 한글 소설이 나오는 등 새로운 문화가 형성되었습니다. 프랑스에서는 파스퇴르가 백신을 발견하여 각종 전염병을 치료할 수 있는 의료 문화가 생겼고요.

알렉산더 대왕에 의해 그리스 문화가 불교 문화에 영향을 미친 것처럼 다른 문화와의 접촉이라는 외재적 요인도 있습니다. 인류는 전쟁, 포교, 식민지 개척, 교역이나 무역 등 다양한 이유로 다른 문화 집단과 접촉했습니다. 이때 외부의 문화가 전파되면서 문화 변동이 이루어지는 것입니다.

외재적 요인에 의한 문화 변동은 직접 전파, 간접 전파, 자극 전파로 나눌 수 있습니다. '직접 전파'는 우리나라 사람들이 중국 사람과 교류하면서 한자나 불교 등을 받아들였던 것처럼 해당 문화와의 직접적인 접촉을 통해 문화가 전파되는 것을 말합니다. '간접 전파'는 유튜브를 통해 라틴 아메리카 지역에서 케이팝이 유행하듯이 인쇄물, 텔레비전, 인터넷, 제3의 지역 사람 같은 매개체를 통해, 즉 간접적인 접촉으로 전파되는 것을 말합니다.

자극 전파는 위의 두 가지와는 양상이 조금 다릅니다. 신라가 중국 한자의 음에서 아이디어를 얻어 이두를 표기했듯이, 다른 집단의 문화와 관련된 아이디어가 전달되어 문화 변동이 일어나는 것을 '자극 전파'라고 합니다. 대체로 직접 또는 간접 전파를 기반으로 발명이 결합되어 나타납니다.

어떤 방식으로든 전파가 이루어지면 기존 문화에 새로운 문화가 더해집니다. 이때 새로운 문화가 잠깐 유행했다가 소멸하거나 아예 처음부터 그것을 거부한다면 문화 변동은 이루어지지 않겠죠. 그러나 인류 역사에서 다른 문화들이 접촉하여 문화 변동이 이루어진 사례는 무수히 많습니다. 그 결과는 3가지 유형으로 나타납니다.

자신의 문화를 포기하고 외부 문화를 따라가는 '문화 동화'

문화 동화는 외부 문화의 영향으로 기존 문화가 대부분 사라지거나 약화되고 외부 문화를 수용하여 그 문화가 주류가 되는 양상을 말합니다. 에스파냐는 라틴아메리카에 식민지를 개척하면서 멕시코를 정복하고는 원주민들에게 에스파냐의 종교인 가톨릭을 믿게 하는 등 자신들의 문화를 전파하였습니다.

그 결과 현재 멕시코를 비롯해 라틴아메리카의 많은 나라에서 가톨릭을 믿고 에스파냐어를 사용하지요. 이것은 식민지 지배하의 문화 동화 때문입니다.

우리나라도 일제 강점기에 신사 참배를 통해 종교를 강요당했고, 일본어 사용과 창씨개명으로 문화 동화를 강요받은 역사가 있습니다. 과거의 문화 동화는 이처럼 식민지에 문화를 강제로 이식하는 형태로 많이 나타났습니다.

강제로 문화 동화가 일어나면 당연히 저항이 있습니다. 그런데 오늘날처럼 세계화된 상황에서는 자연스럽게 문화 동화가 일어나는 경우도 있습니다. 강제적이든 아니든 문화 동화가 일어나면 전통문화가 사라지기도 합니다. 우리나라는 근대화 과정에서 서양의 의복이 들어오자 문화 동화가 일어났지요. 그렇게 일상생활에서 한복을 입는 전통은 거의 사라졌습니다.

두 문화가 나란히 존재하는 '문화 병존'

문화 병존은 기존 문화에 새로운 문화가 들어오면서 두 문화가 함께 존재하는 양상을 말합니다. 두 개 이상의 문화가 나란히 공존한다고 해서 문화 공존이라고도 합니다.

다민족 국가인 싱가포르에는 여러 민족의 고유 문화가 공존합니다. 인구에 중국계, 말레이계, 인도계가 섞여 있어서 국경일에도 이들 세 민족의 종교 등이 영향을 미칩니다. 언어도 여러 가지가 공존합니다. 우리나라에 서양의학과 한의학이 같이 존재하는 것도 문화 병존에 해당합니다.

문화 병존은 각각의 문화 다양성을 인정하므로, 오늘날과 같이 다양한 문화가 만나고 새로운 문화가 유입되더라도, 이를 인정하고 받아들이기가 상대적으로 쉬워집니다. 또한 전통문화를 유지할 수 있는 장점이 있는 반면에 공존하는 여러 문화 간에 갈등이 일어날 수 있다는 단점도 있습니다. 프랑스어와 영어를 같이 사용하는 캐나다에서 프랑스 문화권이 영어 문화권에서 분리 독립하겠다고 주장하는 것도 후자의 예입니다.

문화 융합은 기존 문화 요소에 새로운 문화 요소가 결합하여 이전의 두 문화와는 다른 새로운 문화를 만들어내는 것을 말합니다.

강화도에는 한국 최초의 성공회 성당인 강화성당이 있습니다. 겉모습만 보면 마치 절 같은 느낌입니다. 범종과 종각도 있고 성당 건물은 절의 대웅전 같기도 합니다. 그런데 성당 내부에 들어가면 기둥들이 길게 늘어서 있는 전형적인 바실리카 양식을 볼 수 있습니다. 우리의 전통적인 사찰 건축 양식과 서양의 성당 건축 양식이 결합된 새로운 건축 양식인 것입니다.

1900년에 지은 강화성당이 이처럼 전통 한옥 사찰 모양을 하고 있는 이유는 그 편이 포교에 유리하다고 판단했기 때문일 것입니다. 이렇게 의도적으로 문화 융합을 하는 경우도 있지만, 문화 접변으로 인해 융합이 일어나기도 합니다.

이런 양상은 의식주 같은 일상에도 많이 나타납니다. 일명 밥버거, 흙침대, 온돌로 난방하는 아파트 등에서도 찾아볼 수 있습니다. 이렇듯 문화 융합은 전통에 새로운 것을 가미하여 문화가 발전하고 다양해지는 형태로 나타납니다.

세계화 시대에 전통을 얼마나, 어떻게 유지할 것인가?

싸이의 〈강남스타일〉이 세계적으로 유명해질 수 있었던 것은 유튜브라는 매체와 쉽게 따라할 수 있는 유쾌한 춤 덕분이었을 것입니다. 노래 제목은 〈강남스타일〉이지만, 홍보는 지구촌 스타일로 한 것이죠. 오늘날에는 세계화로 인해 상품, 자본뿐 아니라 사람들도 일이나 공부 등을 위해 국경을 넘습니다. 또한 매체를 통해 세계 여러 나라의 일상적인 것을 쉽게 접할 수 있지요.

· 그러다 보니 한 나라의 고유한 전통문화도 좋지만 다른 나라의 영향을 받은 문화 변동의 결과물들, 특히 문화 융합의 결과물들이 많은 인기를 끌고 있습니다.

주말에 광화문 앞이나 덕수궁 대한문 앞에 가면 왕실 수문장 교대식을 볼 수 있는데, 이런 모습은 공주의 공산성에서도 볼 수 있습니다. 우리의 전통문화를 복원한 모습이라고 안내해서인지 이를 보려는 외국 관광객이 많습니다. 그런데 왕실 수문장 교대식을 볼 때면 과거에 정말 저것과 똑같이 했을까 하는 생각이 듭니다. 전문가의 도움을 받아 복원했다 하니 아예 새롭게 지어내지는 않았을 테지만 과거와 완전히 동일하지도 않겠지요. 관광객을 위해 상품화하는 과정에서 외국의 교대식을 일부 참고했을 수도 있고, 실제보다 화려하게 구성했을 가능성도 큽니다.

이처럼 오늘날 문화 상품이 각광을 받으면서 전통문화를 화려하게 복원하여 재현하려다 보니, 전통을 지키지 않은 전통문화를 보는 일이 많아졌습니다.

그래서 전통을 얼마나, 어떻게 유지할지가 논란거리입니다. 전통음식도 마찬가지입니다. 프랑스의 전통 빵 바게트는 근대화 과정에서 한때 전통적인 제조 방법을 많이 바꾸었습니다. 그러자 1993년에 밀가루, 물, 이스트, 소금만을 사용하여 정해진 방법으로 만든 것만 바게트라고 이름 붙이게 하는 법을 만들어 전통의 변형을 막았지요. 이 법은 아직까지 지켜지고 있으며, 전통을 고수한 바게트는 세계적으로 사랑받고 있습니다. 전통을 지켜냈을 뿐만 아니라 그 영향력을 높인 사례입니다.

우리나라의 떡볶이는 조금 다른 방식으로 세계인에게 다가가고 있습니다. 최근 궁중 떡볶이에서 시작하여 고추장 떡볶이가 인기를 누리고 있지요. 매운 음식을 못 먹는 외국인들을 위해 스파게티 소스로 떡볶이를 만드는 등 종류가 더 다양해지고 있습니다. 말 그대로 문화가 융합된 떡볶이가 나오는 것입니다. 이런 떡볶이는 전통문화를 유지한 것일까요?

사실 지금 우리가 누리는 대부분의 문화에 전통을 완전히 유지한 경우는 없습니다. 새로운 문화는 지속적으로 유입되고 전통문화는 끊임없이 변하면서 인류의 삶 속에서 다양하게 나타나고 있습니다. 그러므로 전통문화를 그대로 유지하느냐 변형하느냐는 선택의 문제여야 합니다. 다만 그 속에 담긴 고유한 정신을 어떻게 유지할 것인지는 그 문화를 누리는 사람들이 주체적으로 고려해야 하겠지요.

문화 변동은 우리의 삶을 변화시킨다

어떤 사회에서 하나의 문화가 변하면 다른 문화에도 영향을 미치고, 삶 전반에 변화를 가져옵니다. 서구식 결혼 양식이 들어오면서 예식장이 생기고, 주말 도심의 예식장 주변은 교통이 혼잡하지요. 옛날처럼 집에서 결혼식을 치르지 않으니 잔치국수 대신 뷔페 음식을 먹습니다. 그러면서도 "언제 국수 먹게 해줄래?"라는 표현은 그대로 사용합니다. 신부 집에서 결혼하던 전통에 따라 신랑 가족에게 인사를 하던 폐백은 서구식 결혼 양식이 도입되었는데도 오래 유지하다가 최근에는 성 평등 의식을 담아 양가 모두에게 드리는 방식으로 바뀌고 있습니다.

이처럼 어떤 문화가 변해서 그와 연결된 다른 문화가 변하기도 하지만, 그 안에 담긴 상징은 그대로 유지하기도 합니다.

오늘날에는 수많은 이주민과 매개체들로 인해 직접 또는 간접 전파가 증가했습니다. 이로 인해 끊임없이 새로운 문화와 맞닥뜨리지요. 그런 점에서 현재 나의 일상은 과거의 전통문화와 외부 문화가 섞인 문화 변동의 결과물입니다.

오랜 기간 전통문화가 유지되어온 동력이 무엇인지, 새로운 문화 요소로 인해 전통문화가 변하면서 우리의 일상이 얼마나 풍부해졌는지도 생각해볼 필요가 있습니다. 여기에 더해 새롭게 들어오는 외래문화가 현재 문화 속에 어떻게 자리매김해야 전통을 유지하는 동시에 문화가 발전할 수 있을지도 생각해봐야 합니다.

보고서 활동 외국에서 들어온 문화의 전달 통로 찾아보기

1. 간다라 양식의 불상처럼 외래에서 들어온 문화의 영향을 받은 것을 하나 찾아본다.

2. 해당 문화가 이동한 경로와 그것이 가능한 이유를 조사한다. (예: 그리스 조각상의 문화는 '인도-중국-우리나라'로 이동)

3. 조사 결과를 보고서로 정리한다.

보고서 활동 우리나라에 있는 문화 융합 건축물을 찾아보기

1. 강화성당처럼 전통 건축 양식과 외국의 건축 양식이 융합된 건축물을 3개 정도 찾아본다.

2. 직접 가서 사진을 찍거나 인터넷 검색을 해서 문화 융합이 나타난 양상을 조사한다.

3. 문화 융합이라는 측면에 초점을 두어 조사한 내용을 기술하고, 건축물이 융합적으로 만들어진 이유를 논리적으로 제시하여 보고서를 작성한다.

제안 활동 전통문화 세계화 전략 짜기

1. 우리나라 문화 중에 세계적으로 알릴 만한 문화를 하나 정한다.

2. 그 문화의 특징을 고려하여 세계에 널리 알리기 위해 필요한 전략을 찾아 본다.

3. 전통문화 세계화 전략을 제시한다.

3 서로 다른 문화를 어떻게 이해해야 할까?

(!) 자문화 중심주의, 문화 사대주의, 문화 상대주의,
보편 윤리와 극단적 문화 상대주의

아프리카 하면 무엇이 먼저 떠오르나요? 저는 더운 기후, 사막이나 초원이 떠오릅니다. 더운 지역에서는 더위를 견디기 위해 최소한의 옷만 걸치는 경우가 많습니다. 아프리카 부족을 다룬 다큐멘터리를 보면 옷을 거의 입지 않은 듯한 모습을 종종 볼 수 있는데, 보는 사람은 쑥스러워도 화면 안의 사람들은 전혀 개의치 않는 듯합니다.

20세기 초 아프리카로 선교를 떠난 유럽인들 역시 옷을 입지 않은 아프리카 부족을 보고는 매우 당혹스러웠나 봅니다. 그리고 이들을 자신의 관점에서, 아프리카 부족은 문명적이지 않으며 심지어 옷을 벗고 있으니 음탕하다고 생각했습니다. 그래서 끊임없이 유럽에서 옷을 가져다주었고, 결국은 그들에게 옷을 입히는 데 성공했습니다.

그러자 아프리카 부족에 문제가 나타났습니다. 습하고 더운 지역에서

옷을 입으니 피부에 습진 등 피부병이 생겼을 뿐 아니라, 문신 같은 신분 표시가 감춰지면서 부족 내 위계질서가 흔들린 것입니다.

사실 옷을 입지 않고 문신이나 장신구로 치장하는 것은 아프리카의 자연환경에 대한 적응 결과로서 그들 부족이 할 수 있는 최선의 선택이었습니다. 그런데 이를 이해하지 못한 선교사가 옷을 입히자 그들의 삶에 문제가 생기게 된 것입니다. 타인의 문화를 이해하는 태도는 이렇게 중요합니다.

브라질의 아마존강 유역에 살고 있는 부족의 삶을 생생하게 다룬 MBC 다큐멘터리 〈아마존의 눈물〉을 보면 남녀 모두 실오라기 하나 걸치지 않고 몸에는 장신구와 문신뿐인 조에족이 등장합니다. 그 장면을 보면서 촬영팀은 좀 난감하지 않았을까 싶었습니다. 실제로 촬영팀이 방송 후 언급하기를, 처음엔 그들을 마주하기가 어색했으나 며칠이 지나고 나서는 옷을 입고 있는 자신이 이상하다는 생각이 들었다고 합니다.

문화에 '우월'과 '열등'이 있을까?

〈아마존의 눈물〉에 나오는 조에족의 삶은 현재 대한민국에서 살아가는 우리의 삶과는 무척 다릅니다. 그들은 일부다처제이며 사유재산 개념이 없습니다. 그래서 누가 사냥을 하든, 양이 많든 적든, 일단 먹을 것이 생기면 부족 전체가 나누어 먹습니다. 서로 물건을 공유하고, 공동육아를 기본으로 합니다.

소유 개념이 없다 보니 절도 같은 범죄가 일어나지도 않습니다. 누가 다투기라도 하면 동네 사람들이 와서 다툰 두 사람을 간지럼 태웁니다. 그러면 한바탕 웃고서 화해하지요. 이들의 문화를 두고 우리 문화보다 우월하다 혹은 열등하다고 평가할 수 있을까요?

어떤 문화를 기준으로 다른 문화를 평가하는 태도가 있습니다. 이를 문화 절대주의 태도라고 하는데 '자문화 중심주의'와 '문화 사대주의'가 여기에 속합니다.

자문화 중심주의, 우리 문화는 저들에 비해 우월하다

다른 문화를 열등하거나 미천하게 보고 자신의 문화를 우월하다고 보는 관점이나 태도를 자문화 중심주의라고 합니다. 자민족 중심주의라고 도 하지요. 대표적인 예가 자신들을 세상의 중심이라고 생각한 중국의 중화사상입니다. 중국은 중화사상을 강조하면서 주변 국가들을 오랑캐 취급하고 그들의 문화를 미천하게 여겼습니다.

자문화 중심주의를 통해 자신의 문화를 긍정적으로 평가하고 주체성을 갖는 것은 좋지만, 다른 문화를 무시하는 데까지 나아갈 수 있어서 문제가 됩니다.

이런 관점은 다른 나라를 식민지로 삼아 그 나라의 문화를 발전시키는 것을 정당하다고 합리화할 수 있고, 경우에 따라 문화 제국주의를 옹호하기도 합니다. 일제 강점기에 일본이 문화 정책으로서 우리 문화를 말살하면서 창씨개명 등을 강조했던 것도 그 예입니다.

지금도 일부 일본인들은 일제 강점기 시대에 자신들이 한국에 근대화 문물을 전달했기 때문에 한국이 발전할 수 있었다고 주장합니다. 이 또한 자문화 중심주의적 사고입니다.

문화 사대주의, 우리 문화는 저들에 비해 열등하다

자신의 문화는 열등하게 보고 다른 문화를 우월하게 보거나 추앙하는 관점이나 태도를 문화 사대주의라고 합니다. 외국 것은 무엇이건 좋다고 맹신하는 자세가 해당합니다. 우리나라에서 한국어만 사용하기보다 영어를 섞어서 사용해야 멋지다고 생각하고, 외국인의 생활방식이 우리의 생활방식보다 무조건 우월하다고 선호한다면 문화 사대주의가 깃들어 있다고 볼 수 있습니다.

우리 고유의 것이라도 외국이 인정해야만 좋다고 인식하는 사고 또한 문화 사대주의라고 볼 수 있습니다. 문화 사대주의를 통해 다른 문화에 대한 개방성을 갖고 수용하여 자신의 문화를 발전시키려고 하는 것은 좋지만, 자신이 가진 문화의 근원을 무시하고 문화 식민주의로 나아갈 수 있다는 점에서 문제가 됩니다.

문화 사대주의가 강하면 문화의 주체성을 상실할 수 있습니다. 우리나라가 1970년대 근대화 과정에서 전통 가옥이나 유산을 낡은 것으로 치부하면서 서양의 의식주를 많이 수용한 것도 어찌 보면 문화 사대주의의 모습이라고 할 수 있습니다.

문화가 나타나는 맥락에서 이해하려는 '문화 상대주의'

나의 삶의 방식을 다른 사람과 비교하여, 나는 우월하고 다른 사람은 열등하다고 말할 수 있을까요? 그러기는 어렵지요. 문화도 마찬가지입니다. 삶의 방식은 자연환경과 그로 인해 만들어진 고유한 전통과 역사 등에 의해 형성된 것입니다. 그러므로 어떤 절대적인 기준을 정해서 어떤 문화는 우월하고 어떤 문화는 열등하다고 말하기 어렵습니다.

이처럼 해당 사회의 맥락에 비추어 그 문화가 나타난 이유를 파악하고, 있는 그대로 이해하려는 관점이나 태도를 문화 상대주의라고 합니다.

〈아마존의 눈물〉을 인터넷으로 검색해보았더니 조에족의 생활을 본 그대로 소개하는 블로그도 많았지만 한편으로는 일부다처제, 옷을 벗고 사는 것, 턱 장식을 비난하는 의견도 있었습니다. 그들의 주장은 이랬습니다. "옷을 벗고 생활하니 성이 문란해져서 일부일처제가 불가능하고, 턱 장식인 뽀뚜루 때문에 병이 생길 염려가 있는데도 무지몽매해서 그만둘 줄 모른다."

이런 주장에 따르면 한 사람이 여러 배우자와 결혼하는 복혼제(일부다처제 또는 일처다부제)는 성적 문란함 때문에 생겼어야 합니다. 하지만 그건 사실이 아닙니다. 일부 산악지역에서는 일처다부제, 즉 남자 형제 여럿이 여성 한 명과 결혼하는 제도를 갖고 있습니다. 이런 곳은 대부분 땅이 척박하다 보니 경작에 어려움이 있고, 그래서 여성 노동력에 의미 부여를 하지 않습니다. 그래서 여아 살해가 일어나기 때문에 신붓감이 절대적으로 부족합니다. 게다가 자녀들에게 재산을 분할하여 상속하면 삶이 더 궁핍해집니다. 이런 맥락으로 일처다부제를 선택한 것입니다.

이런 설명을 고려하면, 조에족의 일처다부제도 성이 문란해서 형성된 것이 아니라 그 사회의 역사와 맥락 속에서 만들어진 제도일 것입니다. 결국 '성 문란'이라는 잣대를 대는 것도 우리 사회의 기준으로 그들의 문화를 평가하는 셈입니다. 이런 점에서 일처다부제 그 자체를 미개하다고 비난할 수 있는지는 잘 생각해봐야 합니다.

그렇다면 여아 살해는 어떻게 봐야 할까요?

보편 윤리에 어긋나는 문화도 인정해야 할까?

"만약에 우리와 다른 사회에서 살아온 관찰자가 우리를 연구하게 된다면, 우리와 관계된 어떤 사실이, 그에게는 우리가 비문명적이라고 여기는 식인 풍습과 비슷한 것으로 간주될 것이라는 점을 인식해야만 한다. 여기에서 나는 우리의 재판과 형벌의 풍습에 대해 생각해보고 싶다. 만약 우리가 외부에서 이것들을 관찰하게 된다면 우리는 두 개의 상반되는 사회 유형을 나눌 수 있을 것이다.

어떤 무서운 힘을 지니고 있는 사람들을 중화시키거나 자기네에게 유리하도록 변모시키는 방법에 대해서, 식인 풍습을 실행하는 첫 번째 사회 유형에서는 끔찍한 사람들을 자기네의 육체 속으로 빨아들이는 것이 최선이라고 믿는다.

반면에, 우리 사회와 같은 두 번째 사회 유형에서는, 이 끔찍한 사람들을 일정 기간 또는 영원히 고립시킴으로써 사회로부터 추방하는 것을 행한다. 이를 위해 특별히 고안된 시설 속에 고립시키고 모든 접촉을 금한다.

우리가 미개하다고 여기는 대부분 사회의 관점에서 볼 때, 우리와 같은 사회가 행하는 이러한 풍습은 그들에게 극심한 공포를 불러일으키는 것이다. 단지 우리와 대칭되는 풍습을 지니고 있다는 이유만으로 우리가 그들을 야만적이라고 간주하듯이, 우리들도 그들에게는 야만적으로 보일 것이다."[11]

위의 글을 쓴 인류학자인 레비스트로스는 문화 상대주의 관점으로 다른 집단의 문화를 이해하고 식인 문화도 야만이라고 간주해서는 안 된다고 주장합니다. 하지만 레비스트로스와 달리 다른 문화를 이해한다고 해서 모든 문화를 가치 있다고 인정할 수는 없다고 주장하는 사람들도 있습니다. 어떤 문화 현상이 왜 형성되었고, 어떤 사회적 맥락을 가지고 있는지 인정하는 것과 인류가 공유하는 보편 윤리에 비추어 옳다고 할 수 있는 것은 다른 문제라고 보는 거죠.

즉 문화 상대주의 태도나 관점을 갖더라도, 인류의 보편 윤리를 거스르는 문화까지 극단적으로 인정할 수 없다는 것입니다. 식인 문화의 경우 그런 문화를 택한 사람들에게 나름의 맥락은 있을 수 있습니다. 하지만 사람이 사람을 죽여서 신체의 일부를 먹는 일이 인류의 보편 윤리에 비추어 옳거나 가치 있는 문화라고 인정해서는 안 된다고 봅니다.

다른 예도 있습니다. 앞에서 나온 여아 살해 문화, 일부 문화권에서 일어나는 명예살인, 여성 할례 등에 대해서도 보편적인 윤리에 어긋난다는 지적이 있습니다.

이렇게 보면 문화 상대주의는 모든 문화를 극단적으로 수용하거나, 문화가 가진 문제를 회피하면서 인정하자는 관점이 아닙니다. 우리가 문화 상대주의 태도를 갖는다면, 세상의 다양한 문화에 대하여 왜 그런 문화가 형성되었는지를 파악하기 위해 노력하면서도 우리 문화 안에 혹시 윤리를 거스르는 요소가 없는지 성찰해야 할 것입니다.

제작 활동 우리 문화의 의미와 맥락 파악하기

1. 우리의 의식주 문화 중 하나를 선택한다. (예: 전통혼례, 한옥, 젓가락 문화 등)

2. 선택한 문화 현상의 내용을 기록하고, 그러한 현상이 나타나게 된 기원을 자연환경이나 인문환경과 연관시켜 찾아본다.

3. 선택한 문화 현상의 맥락과 의미를 고려하여 문화를 소개하는 자료집을 제작한다.

제작 활동 일상 속에서 자문화 중심주의 혹은 문화 사대주의 찾기

1. 일상에서 나타나는 우리 문화에 대한 자문화 중심주의나 문화 사대주의 관련 사례를 찾아본다.

2. 그러한 관점이 왜 문제가 되는지를 나의 의견을 주장해보고, 자신의 주장에 대한 다른 사람들의 의견을 듣는다.

3. 조사한 자료와 자신의 주장, 다른 사람의 의견 등을 중심으로 PPT를 제작한다.

제작 활동 보편 윤리에 어긋나는 문화 현상에 대한 1분 뉴스 제작하기

1. 두 명이 짝을 이루어 보편 윤리에 어긋나는 문화 현상을 찾아본다.

2. 해당 문화 현상이 왜 문제가 되는지 이유를 찾고, 1분 뉴스로 리포트할 내용을 기사로 적는다.

3. 한 명은 기사 리포트를 하고, 다른 한 명은 그 내용을 휴대전화 동영상으로 찍어서 뉴스를 제작한다.

4 다름을 존중하는
사회로 나아가는 길

!) 다문화 사회, 이주민, 동화주의, 다문화주의, 문화 다양성, 관용

미국은 종교의 자유를 찾아 유럽을 떠난 이주민이 주축이 되어 만들어진 다문화 국가입니다. 그 후 아프리카인들이 노예로 강제 이주하기도 하고, 아시아나 라틴아메리카 등지에서 일자리를 찾아온 이주민도 많으며, 유학하러 왔다가 정착한 사람들도 많습니다. 말 그대로 미국은 이민자들이 만든 사회라고 봐야 할 것입니다.

그런데 최근 미국에서는 2002년에 일어난 9·11 테러 사건을 경험하고 나서 이민을 반대하는 기류가 형성되고 있습니다. 이러한 기류와 관련하여 2015년에 가톨릭 교황은 미국 의회를 방문하여 "여러분 대다수가 이민자의 후손"이라고 말하였습니다.

그럼에도 2016년 트럼프 대통령은 당선 직후부터 반(反) 이민 행정명령을 시행하기 시작했습니다. 그러자 2017년 7월 4일, 이민 국가인 미국의

미국의 도널드 트럼프 대통령이 발표한 '불법 체류 청년 추방 유예 제도(DACA)' 폐지 행정명령을 무효화하기 위해 시위하는 사람들(2017년 11월 9일, 워싱턴 D.C.). DACA는 'Deferred Action for Childhood Arrivals'의 약자로 어릴 때 부모를 따라 불법으로 미국에 들어와 살고 있는 젊은이들의 추방을 미뤄주는 제도이다. 이 제도를 폐지하려는 행정명령에서 트럼프 정권의 반이민 정책을 엿볼 수 있다.

독립기념일에 수많은 유명인들이 "우리 모두는 이민자의 후손"이고 이민이 현재의 풍요로운 미국을 만들어내는 데 일조했음을 강조하였습니다.

사실 한 사회에 이민자가 많으면 단일한 문화를 가진 집단만 사는 사회보다 갈등이 더 많이 나타날 수 있습니다. 그러나 '비 온 뒤에 땅 굳는다'는 속담처럼 갈등이 항상 나쁜 것만은 아닙니다. 사회 구성원이 가진 다양성이 표출되면서 갈등이 드러나더라도 이를 잘 조정한다면 그 사회의 창조적 에너지가 막강해지기 때문입니다.

역사학자들 중에 '왜 호모사피엔스가 네안데르탈인을 이기고 지구에서 살아남을 수 있었을까?'에 관심을 가진 사람들이 있었습니다. 여기에는 다양한 가설이 있습니다. 누구는 호모사피엔스의 두뇌 용량이 크다고 주장했고, 어떤 이는 호모사피엔스가 전염병에 강하다는 가설을 내놓기도 했습니다.

그런데 최근에 이런 가설이 등장했습니다. "네안데르탈인은 다른 부족과 교류가 없고 폐쇄적이었는데 호모사피엔스는 다른 부족과 교류하면서 문명을 발달시켰다"는 것입니다.[12] 이러한 주장을 하는 이들은 네안데르탈인의 유적지에는 다른 부족의 유적이 없는데 호모사피엔스의 유적지에서는 다양한 부족들의 유적이 남아 있다는 것을 근거로 제시합니다.

다양한 집단의 공존. 어쩌면 인류의 과거일 뿐만 아니라 미래일지도 모릅니다.

우리 사회에 만연한 이주민을 바라보는 차가운 시선

이란은 고대 페르시아가 위치했던 곳입니다. 고대 페르시아의 서사집 중 『쿠쉬나메』라는 것이 있습니다.[13] 간략한 내용은 페르시아의 왕자가 내전을 피해 신라로 와서, 신라의 공주와 결혼하여 다시 페르시아로 돌아가 왕국을 되찾는다는 이야기입니다. 신라에는 처용처럼 서남아시아에서 온 사람에 관한 기록이 있고 서남아시아 유적들도 발굴되었기에 허무맹랑한 이야기는 아닙니다.

우리나라는 오래전부터 단일민족 국가라는 이미지를 강조해왔지만, 사실 역사에는 외국인 왕래와 거주 사실이 기록되어 있습니다. 일제 강점기와 미군정을 거치면서 들어온 이주민도 있고, 지금도 일이나 공부, 결혼 등으로 이주한 사람들이 많지요.

한 사회에 다른 문화 배경을 가진 사람들이 5% 넘게 거주하면 다민족 다인종 국가라고 하고, 다문화 사회, 다문화 국가라고도 부릅니다. 그러나 엄격하게 '다문화 사회'를 한 사회에서 다양한 문화를 가진 집단이 갈등을 넘어 서로 공존하는 사회로 보는 관점도 있습니다.

현재 우리 사회를 다민족 다인종 사회로 보기엔 이주민 비율이 5%까지는 도달하지 않습니다. 하지만 조만간 그렇게 될 가능성이 높습니다. 그렇다면 한국은 다양한 문화의 공존이 가능한 다문화 사회이기는 한 걸까요?

1990년대 이후 우리 사회에 이주민이 많이 들어왔음에도 불구하고, 인종이나 민족 간 큰 갈등이 없었으니 다문화 사회라고도 볼 수 있습니다. 그러나 이주민들이 경험하는 차별과 편견 문제를 생각하면 아직 성숙한 다문화 사회라고 보기는 어렵겠죠.

최근 들어 한국에 이주민이 늘어난 것은 여러 나라 간에 교류가 증가한 덕분입니다. 다른 나라에서도 같은 이유로 이주민이 늘고 있습니다. 우리나라 특유의 배경도 있습니다. 남아선호사상으로 인한 성비 불균형으로 인해 신붓감이 부족해지자 남성들이 주변 국가에서 배우자를 찾으면서 결혼 이주민이 생겼지요. 1990년대 급격한 경제 성장을 이루면서 힘든 일을 할 노동자가 부족해져 이주 노동자들도 증가했습니다.

그런데 결혼이주 여성들은 한국에서 상당한 어려움을 겪었습니다. 한국 사회는 아직까지 혼혈이나 국제 결혼에 편견을 가지고 있는 데다가, 외국인 아내에게 전통적인 시댁 문화를 강요하고, 한국 전통에 빠른 적응을 요구하기 때문입니다. 우리 사회는 중노동을 하는 사람이나 가난한 사람을 경시하는 경향이 있어, '가난한 나라에서 일하러 온 사람'이라는 인식으로 이주 노동자를 바라보기도 합니다. 차별이나 무시하는 시선으로 말이지요.

한국 사회에 왔으니 한국의 문화를 수용하고 따르라는 것은 그나마 나은 걸까요? 어느 목욕탕은 결혼이주 여성이 에이즈를 옮길 가능성이 있다며 출입을 금했고, 결혼이주 여성을 한국인으로 귀화시켜주면 남편에게서 도망갈 거라는 편견 때문에 한국에 오래 거주하고도 국적을 얻지 못해 불편을 겪는 사람도 있습니다.

어떤 이들은 이주 노동자가 도망갈까 봐 여권을 압수하고 일을 시키기도 하고, 한국인들이 힘들어 꺼리는 직업군에서 주로 일하는데도 남의 나라에 와서 일자리 빼앗는다는 시선을 견뎌내야 합니다.

우리의 필요에 따라 들어온 이주민들이 공존에 어려움을 겪고 있습니다. 다문화 다인종 사회를 넘어 성숙한 다문화 사회가 되기 위해서는 어떻게 해야 할까요?

이주민의 문화, 적응하거나 혹은 공존하거나

프랑스는 신교와 구교 간에 종교전쟁 등을 겪고 정교분리의 원칙을 세웠습니다. 그래서 공적인 장소에서 일체의 종교 활동을 금지할 뿐만 아니라 종교적인 식별이 되는 것이나 상징물을 공공장소에서 착용하는 것을 관습적으로 금지하고 있었습니다. 예를 들어 학교에서는 십자가 목걸이도 금지 대상이 됩니다. 그런데 이슬람 이주민들은 부르카라는 종교에 기반한 의상을 일상적으로 착용하지요. 이에 학교 등 공공장소에서는 이를 착용하지 못하게 했습니다. 이슬람 학생들은 이 정책이 자신들의 전통을 금지한다며 반발하면서 세계적으로 문제가 되었습니다.

이처럼 이주민이 많아지면 문화 갈등을 경험하게 됩니다. 생활방식 자체가 문화인데 다른 생활방식을 가진 사람들이 이주하여 여러 문화가 갈등을 일으키는 거지요. 그래서 이주민이 많은 사회에서는 해결 방안에 대하여 고민하고 대칭적으로 두 가지 관점에 따른 정책을 시행합니다.

하나는 '동화주의'입니다. 동화주의는 이주민들이 자신의 문화를 포기하고 이주한 나라의 문화를 받아들여 적응하고 살아야 한다는 관점입니다. 말 그대로 주류 문화 속에 이주민의 문화가 동화되는 것을 원칙으로 하기 때문에 이주민은 언어, 종교 등 이주한 나라의 문화에 적응해야 한다고 봅니다. 미국에서는 '용광로 정책'으로 이를 실행한 적이 있습니다.

용광로는 제철소에서 철물을 끓이는 도구지요. 그 안에서 모든 것이 녹아 하나가 되듯이 이주민도 자신의 문화를 버리고 새로운 문화를 수용해서 하나가 되어야 한다는 것입니다. 그래서 언어 등 다양한 분야에서 이주민의 문화를 고려하지 않고 빨리 적응하기를 요구합니다.

이런 정책을 쓰면 이주민이 들어오더라도 사회는 단일한 문화를 유지할 수 있어서 혼란이 적을 테고, 어차피 새로운 환경에서 살아야 할 이주민도 더 빨리 적응한다고 본 것입니다.

다른 하나는 '다문화주의'입니다. 다문화주의는 이주민이 원래 가지고 있던 문화를 유지하면서 새로운 나라의 문화도 이해하여 다양함을 지키자는 관점입니다. 이미 형성되어 있는 그 사회의 주류 문화가 있더라도 이주민이 반드시 그것만 따를 것이 아니라, 자신의 문화도 누리게 하여 다양한 문화가 공존하며 다양성을 유지하자는 것입니다.

미국은 용광로 정책에서 '샐러드볼 정책'으로 전환하면서 다문화주의로 전환하였습니다. 샐러드 그릇 안에 다양한 채소나 과일을 담지만 각자 모양은 유지하듯이 다양한 문화가 공존하는 다문화주의를 표현한 것입니다. 이 정책에 따라 미국에서 한국인이 모여 사는 지역의 학교에서는 한국어와 한국 역사 등을 가르칠 수 있게 되었습니다. 한국계라는 정체성도 공존하게 하겠다는 것이지요.

다양성을 인정하는 성숙한 다문화 사회 만들기

다문화주의, 즉 샐러드볼 정책을 수용하면 다양한 문화가 공존하게 됩니다. 이주민이 많아진 현대사회에서는 문화 다양성을 인정해야 다문화주의가 지속될 수 있습니다.

캐나다는 원래 그 땅에 살았던 북미아메리카 원주민들과 영국과 프랑스 등 유럽에서 온 이주민이 함께 살고 있으며, 최근엔 아시아 등으로부터 수많은 이주민을 받아들인 다문화 사회입니다. 영국과 프랑스에서 온 이주민의 영향력이 크다 보니 영어와 프랑스어를 공용어로 사용하며, 이외 여러 문화를 보전하려고 노력합니다.

문제는 국가 공식문서 등에 영어와 프랑스를 사용하는 등 문화 다양성을 지키자니 관련 비용이 많이 든다는 점입니다. 이로 인한 불편도 분명히 있습니다.

비용이 많이 드는 것은 어쩌면 사소한 불편일지 모릅니다. 문화 다양성은 의식주뿐만 아니라 가족 구성 방식, 언어, 종교, 가치관, 도덕, 의식, 전통, 제례, 인간관계, 세계관 등 삶의 전 영역에서 다름을 인정하는 것이기에, 문화 상대주의 태도를 일상적으로 가지고 공존해야 합니다.

그 때문에 나타나는 문제도 있습니다. 문화 상대주의를 주장하면서도 보편적 윤리와 관련하여 옳고 그름을 판단하는 일을 일상적으로 접한다는 데에 우선 어려움이 있습니다. 종교나 가치관이 달라 서로 옳다고 믿는 것이 다를 경우엔 다양성으로 인정하기보다는 갈등하거나 충돌하는 경우가 더 많습니다.

여기에서 우리가 주목할 것은 '관용'입니다. 관용은 나와 다른 주장이나 사상, 신념, 행동 등을 허용하고 나의 물리적 힘 등을 이용하여 나와 다른 사람들의 생각이나 사상 등을 강제하지 않는 것을 말합니다. "나는 당신의 의견에 동의하지는 않지만, 당신이 그 의견으로 인해 핍박을 받으면 그 의견을 말할 당신의 권리를 위해서 싸워주겠다." 관용을 강조한 볼테르의 말입니다.[14]

그러나 실제로 이렇게 실행하기는 쉽지 않습니다. 예를 들어 일부다처제 국가에서 온 이주민이 문화 다양성을 말하며 부인 셋을 합법적으로 인정해 달라고 하면 어떨까요? 이주민이 명예살인을 한 후 자신의 나라에서는 징역 6개월형 정도로 가벼운 벌을 받는다며 선처를 구한다면 이 또한 문화 다양성으로 수용해야 할까요?

결국 문화 다양성 인정은 문화 상대주의처럼 판단의 문제입니다. 그래서 사회가 문화 다양성을 존중하더라도 구성원들 중에 이를 받아들이기 어려운 사람이 한둘이라도 있으면, 갈등은 언제고 나타날 수 있습니다.

2011년 노르웨이에서 이슬람 이주민을 수용하는 데 앙심을 품은, 극단적 민족주의를 추종하던 백인이 청소년 캠프에 테러를 가하여 수많은 사상자를 낸 사건이 일어났습니다. 사건 직후 노르웨이 수상은 성명에서 다음과 같이 언급하며, 더 나은 민주주의가 이러한 갈등 해결의 답이라고 말했습니다.

"당신들은 우리를 파괴하지 못할 것이다. 당신들은 우리의 민주주의를 파괴하지 못할 것이고, 우리가 추구하는 더 나은 세상을 향한 노력도 파괴하지 못할 것이다. (……) 우리는 우리의 가치를 지키기 위한 투쟁을 결코 멈추지 않을 것이다. 우리는 노르웨이라는 열린 사회가 이 시험을 치러낸다는 것을 증명해야만 한다. 폭력에 대한 답은 더 나은 민주주의이다. 또 더 높은 인류애이지 결코 나약한 후퇴가 될 수 없다. 이것이 우리가 희생자들이나 그 가족에게 빚진 것이다."[15]

분명히 다문화 사회로 나아가는 데에 갈등이 존재합니다. 문제는 '다문화 사회'에 있는 것이 아니라 '갈등'에 있습니다. 그리고 갈등의 해결은 이주민을 봉쇄하거나 그들의 문화를 배척하고 미워하는 것이 아니라 더 나은 민주주의를 통해 다양성을 인정하는 열린 사회를 만드는 것입니다. 다름을 인정하는 열린 사회, 다양성을 인정하는 다문화 사회. 그 길은 멀지만 고귀한 인류애의 이름으로 가야 할 길입니다.

제작 활동 **역사 속의 이주민 소개하기**

1. 우리 역사 속 이주민을 찾아본다. (예: 벨테브레 등)

2. 그 역사 속 이주민이 한국 사회에 기여한 점을 찾아본다.

3. 그들을 소개하고 다문화 사회의 필요성을 강조하는 2~4면짜리 신문을
   만든다.

제작 활동 **내가 만난 이주민 이야기**

1. 주변에서 만날 수 있는 이주민과 면담을 한다.

2. 한국 사회에서 경험한 차별과 편견, 한국에서 좋았던 점, 한국 사회가 개
   선해야 할 점 등을 인터뷰한다.

3. 인터뷰 내용을 바탕으로 '이주민이 생각하는 한국 사회'라는 기사를 제작한다.

위키드

문학	미술	영화	뮤지컬
			V

소설 『위키드』를 원작으로 한 뮤지컬이다. 『오즈의 마법사』의 배경과 인물이 같으므로 같이 읽어보면 좋다.

줄거리

『오즈의 마법사』는 캔자스의 소녀 도로시가 허수아비, 사자, 양철 인간, 강아지 토토와 함께 오즈의 마법사를 찾아가는 여정을 그리고 있다. 회오리 바람에 휩쓸려 오즈로 간 도로시는 착한 마녀 글란다를 만나서 오즈의 마법사가 집으로 가는 길을 알려줄 거라는 말을 믿고 길을 떠난다. 그러다 초록색 피부를 가진 나쁜 서쪽 마녀 엘파바를 만나는데, 우여곡절 끝에 서쪽 마녀를 녹여서 없애고 마침내 집으로 돌아가는 방법을 찾는다.

〈위키드〉에서는 주인공이 도로시가 아니라 초록색 피부를 가진 서쪽 마녀 엘파바이다. 왜 그녀가 초록색 피부를 가지고 태어났는지를 비롯해 친구인 마녀 글란다에게 배신당한 이야기, 그리고 캔자스 소녀 도로시가 엘파바에게 나쁜 짓을 하는 모습이 등장한다. 이처럼 〈위키드〉는 단순한 패러디가 아니라 인물을 새롭게 그려낸다.

누구의 이야기가 맞을까? 우리의 일상도 이렇게 다른 시각, 다른 관점으로 이야기할 수 있지 않을까? 누가 옳고 틀리다고 하는 것도 결국은 상대적이지 않을까?

📖 주제 던지기

문화 상대주의나 문화 다양성 관점에서 본다고 해도 보편 윤리로 인정하기 어려운 것이 있다. 그래서 문화 인식에서 보편 윤리와 관련하여 두 가지 주장이 가능하다.

주장 ① 특정 문화를 보편 윤리 관점에서 문제라고 인식하는 것 또한 편견이다.

왜냐하면 보편 윤리라는 것도 주류 집단의 논리일 수 있으며, 결국 그것은 일부 집단의 편견이기 때문이다. 윤리나 가치라는 것도 문화의 일부인데, 문화가 다양하면 합치될 수 있는 보편 윤리를 찾는 것은 어렵다. 결국 문화를 보편 윤리로 본다는 것 역시 누군가의 시각이며, 다른 문화를 그런 시각으로 평가해서는 안 된다. 어떤 문화건 그 문화를 누리는 사람의 관점에서 보면 이해하지 못할 것이 없다.

주장 ② 문화 다양성을 인정하더라도 보편적 가치로 인정할 수 없는 것도 있다.

왜냐하면 문화가 다양하더라도 문화가 인간의 삶의 방식이라는 점은 같고, 보편적으로 소중히 여기는 가치는 동일하기 때문이다. 인간 생명의 소중함 등 어떤 문화에서건 동일한 보편 가치가 존재한다. 인류가 강조하는 보편 윤리라는 측면에서 문화를 평가하는 것은 인류의 문화 공존을 훼손하는 것이 아니라 더 나은 공존을 위해 필요한 일이다.

📖 토론 주제

보편 윤리로 문화를 평가할 수 있을까, 아니면 보편 윤리도 하나의 편견일까?

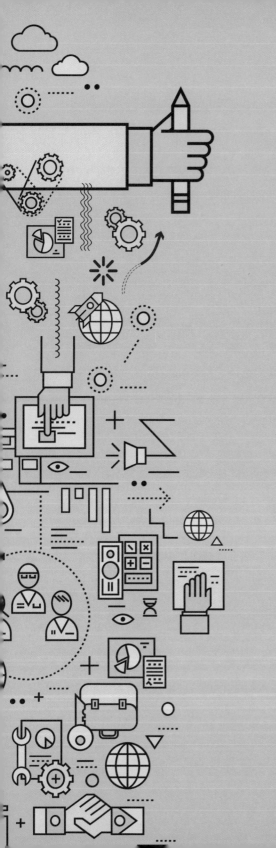

4장

세계 속의
심화되는 갈등과
평화를 위한 발걸음

✳ 세계화와 평화

평화는 전쟁이 없는 상태를 뜻하는 것이 아니다.
평화는 그것 자체로 미덕이며,
자비심과 신뢰와 정의를 상징하는 마음의 상태이다.

—스피노자(네덜란드의 철학자)

1 세계화는 우리의 삶을 어떻게 바꾸었나?

⚠️ 세계화, 지역화, 다국적 기업, 세계도시, 세계 빈부격차, 세계경제포럼, 세계사회포럼, 문화 상품, 문화 획일화

코코밥 챌린지(Ko Ko Bop Challenge)에 대해 들어보았거나 아니면 직접 해본 적이 있나요? 유튜브나 SNS에서 쉽게 관련 동영상을 볼 수 있답니다. 〈코코밥〉은 아이돌 그룹 엑소가 2017년 7월에 발매한 4집 앨범에 실린 노래 중 하나입니다.

엑소라는 그룹은 2012년 남자 12명으로 데뷔했는데, 한국 사람뿐 아니라 중국 출신 멤버도 있습니다. 그룹이 처음 데뷔할 때 하는 쇼케이스 공연도 하루 차이로 한국과 중국에서 거의 동시에 진행했고요. 팬미팅이나 콘서트도 일본 등 아시아 전 지역을 대상으로 하는 경우가 많습니다.

코코밥 챌린지는 엑소가 노래 〈코코밥〉을 부르면서 클라이맥스에 추는 군무를 일반인이 도전하고 그 모습을 동영상으로 올리는 행위를 말합니다. 앨범이 발매된 지 한 달도 채 되지 않았을 때 필리핀에 있는 엑소의

팬이 춤을 추는 동영상을 SNS에 올리면서 시작되었지요. 그 후 케이팝을 즐겨 듣는 라틴아메리카 지역까지 퍼지면서 SNS를 통해 챌린지를 즐기는 사람들이 늘어났습니다.

어떻게 이런 일이 가능한 걸까요? 이유야 여러 가지겠지만 가장 근본적인 원인은 세계화에 있다고 할 수 있습니다. 세계화란 말 그대로 교통과 통신이 발달하면서 상품, 자본, 노동 등의 교류가 많아지고 지구촌 여러 지역 간의 상호작용과 의존성이 증가하는 현상을 말합니다.

〈코코밥〉이라는 노래는 서비스 상품인데 통신이 발달한 덕에 세계 어디에서건 다운로드할 수 있습니다. 또한 가사가 영어와 한국어로 되어 있고, 춤도 유쾌한 동작으로 따라 하기 쉽습니다. 언어가 통하지 않아도 쉽게 따라 할 수 있다는 점도 챌린지를 만들어낸 계기가 되었을 것입니다.

엑소라는 그룹의 멤버 구성, 노래 가사, 안무 등을 보면, 이 그룹은 처음부터 세계화 시대를 고려하여 만든 그룹이 아닌가 하는 생각이 듭니다. 세계화하면 경제나 정치 이야기 같지만, 아이돌 그룹의 활동과 인기를 보면 세계화란 사람들의 일상이 관련되어 있다는 것을 알 수 있습니다.

세계화가 심화되면 국가 정체성은 약해진다?

20세기 후반에 냉전체제가 무너지고 세계가 연결되는 세계화가 본격적으로 시작되었습니다. 국가 간 교류는 급격히 늘어났지요. 이때 많은 사람들 사이에서 가장 먼저 고개를 든 걱정은, 이제 국경이 사라지고 전 세계가 하나의 공동체가 되는 건 아닌지 하는 의문이었습니다. 상품이나 자본만이 아니라 사람들마저 이동이 자유로워진다면 국경의 개념이 사라질 것이라는 염려를 했던 것입니다.

개별 국가의 특성이나 정체성은 사라지고 전 세계가 획일화될 것이라는 부정적인 반응도 있었습니다. 일부 소수 집단의 문화가 소멸할 것이라는 관측도 나왔지요. 특히 영향력이 큰 미국의 문화가 확산되어 소수 집단의 문화가 사라질 것이라는 주장도 있었습니다.

이런 사례로 가장 많이 언급되는 것이 소수 언어가 사라지는 문제입니다. 유네스코한국위원회 자료[16]를 보면 세계에는 6,000여 개의 언어가 있는데 이 중 96% 정도를 인구의 4%만 사용한다고 합니다. 이런 소수 집단의 언어는 구어로만 존재하는 경우도 있고 인터넷에 통용되지도 않는 등 다음 세대로 이어지기 어려운 경우가 많습니다. 이렇게 소수 언어가 사라지고 있는 데에 세계화가 영향을 미쳤다고 보는 것입니다.

이와 달리 세계화가 되면 개별 국가나 지역의 정체성이 더 강해질 것이라는 이야기도 있습니다. 전 세계에 통용되려면 독특함이 있어야 하는데 그러자면 지역 정체성이나 국가 정체성이 반영되어야만 한다는 판단 때문입니다. 우리나라에서는 "우리 것이 좋은 것"이라며 판소리나 사물놀이의 세계화 전략, 한식 세계화 전략 등을 논의하기도 했습니다.

또한 지역의 정체성을 강조하는 지역화 전략도 강조되었습니다. 국가 차원이 아니라 개별 지역의 정체성이나 고유성을 강조하여 세계적인 경쟁력을 갖게 하려는 것입니다. 7월에 프랑스 아비뇽에서 연극제를 보고 8월에 영국의 에든버러 축제를 즐기기 위해서 여행 스케줄을 짜는 사람들이 있습니다. 우리나라의 보령머드축제도 외국인 여행객들이 많이 찾는데, 이 모든 사례는 지역 정체성을 세계인에게 어필한 경우입니다.

한식과 같이 국가 정체성 전략이나 연극 축제와 같은 지역화 전략이 아니라 보편성으로 세계인에게 어필하는 경우도 있습니다. 부엌에서 채소를 다듬는 칼질 동작 퍼포먼스를 무언극으로 그려낸 〈난타〉 공연이 대표적인 예입니다.

이렇게 보면 세계화는 세계인들 간에 상호의존성이 증가하면서 보편성과 지역성이 공존할 가능성을 만든 것으로 볼 수 있습니다. 따라서 세계화가 드러나는 방식은 한 가지가 아니며, 그 영향도 부정적인 측면과 긍정적인 측면이 같이 따라온다고 봐야 할 것입니다.

 잠깐! 더 배워봅시다

한식 세계화 전략은 왜 실패했을까?

세계화 논의 속에서 우리의 음식 문화를 세계에 알리고 대한민국의 이미지를 향상시키려는 노력을 한식의 세계화 전략이라고 한다. 건강식이고 우리의 전통이 담겨 있는 한식을 세계적인 문화 상품으로 키우려는 목표에서 시작되었다. 이를 위해 2009년에는 한식 세계화 추진단을 만들어 당시 대통령 영부인을 명예회장으로 삼고 적극적인 노력을 펼쳤다.

그러나 한식 세계화 전략은 한 상 차림으로 먹는 한식을 코스 요리처럼 변형하여 외국인의 입맛에 맞추려 하거나, 뉴욕 등 외국의 대도시에 한식당 개업을 지원하거나, 우리나라에서 개최한 G20 정상회의 등에서 고급 한식을 내는 것 외에는 특별한 전략을 구사하지 못했다. 그래서 혈세만 낭비하고 한식의 고유한 정신마저 살리지 못했다는 비난을 받기도 하였다.

한식의 세계화 전략은 별다른 주목을 끌지 못하고 실패한 듯 보인다. 실패한 이유는 무엇일까?

전 세계가 하나의 시장이 되다

세계화 속에서 국경을 넘나드는 것은 대표적으로 상품, 자본, 노동입니다. 그런 점에서 볼 때 세계화는 경제적인 측면과 가장 밀접합니다. 세계화 이후 대부분의 나라가 문호를 개방하여 무역이 증가했을 뿐 아니라, 낮은 가격에 질 좋은 상품과 서비스를 세계 시장에 제공하기 위해 치열하게 경쟁하게 되었습니다.

이 과정에서 경제 교류로 인해 발생하는 문제가 늘어나자, 이를 해결하는 WTO(세계무역기구)의 영향력도 커지고 있습니다. 매년 세계 경제 관련 주제를 논의하는 세계경제포럼의 영향력도 커지고 있고요.

무엇보다 가장 큰 변화는 다국적 기업의 증가입니다. 다국적 기업이란 전 세계를 대상으로 제품 연구, 생산, 판매, 서비스 등을 하는 기업을 말합니다. 다국적 기업은 값싸고 질 좋은 상품을 생산하기 위해서 본사의 국적과는 상관없이, 가장 적정한 노동력을 확보할 수 있는 나라에 연구소, 생산 공장, 콜센터 등을 설치합니다. 기업이 국제분업을 적극적으로 활용하는 것이지요. 우리나라 기업 중에도 본사는 한국에, 공장은 미국이나 중국에, 연구소는 유럽에, 서비스센터는 인도에 두는 기업이 있습니다.

다국적 기업이 증가하면 세계적으로 공간 분업이 이루어지게 됩니다. 세계화 이전에 개별 국가에서 상품을 생산하여 서로 교환하는 분업과는 완전히 다른 체계입니다.

그런데 문제도 있습니다. 다국적 기업이 공간 분업을 하면서 시설을 이전하거나 노동력이 더 싼 다른 나라로 이동하는 행위가 특정 지역이나 국가의 경제에 엄청난 영향을 미친다는 것입니다. 노동력이 싼 곳을 찾아서 생산 공장을 중국에서 베트남으로, 다시 인도네시아로 옮기면 이전 지역에는 실업 같은 문제가 생기고, 결국 세계 경제에 영향을 미칩니다.

세계화는 세계적으로 큰 영향을 미치는 '세계도시'를 형성하기도 합니다. 세계도시에는 자본이 몰리고, 다국적 기업의 본사, 국제 금융기구, 국제기구 등이 몰려 있는 경우가 많아서 세계화 이후로 힘이 점점 더 강해지고 있습니다. 세계도시는 지구촌 사람들이 쉽게 모여 정치·경제·사회적 논의를 하면서 세계 전반에 막강한 영향력을 갖는데, 미국의 뉴욕, 영국의 런던과 프랑스의 파리, 일본의 도쿄 등이 여기에 해당합니다.

세계화는 지구촌의 현재와 미래에 관한 논의 모임도 새롭게 만들었습니다. 세계 경제의 발전 방향을 주로 논의하는 세계경제포럼(스위스 다보스에서 열려서 '다보스포럼'이라고도 불린다)이 대표적이며 이 모임이 열리는 기간에 다른 지역에서는 세계사회포럼이 열립니다.

세계경제포럼은 주로 정부와 기업 대표들이 주축이 되어 세계화와 경제 발전을 논의하는 반면 세계사회포럼에서는 세계화와 신자유주의에 반대하는 지도자, 사회운동가, NGO 등이 모여서 빈부격차나 불평등 등 세계화를 비판하는 주제를 논의합니다. 회의 장소도 한 곳으로 정해져 있는 것이 아니라 경제적 불평등에 처한 개발도상국을 돌아가면서 정합니다.

세계경제포럼에서 경제적 불평등에 관심을 갖는 이유를 살펴볼까요? 세계화로 인해 세계 전체가 생산지이자 판매지가 되면서, 국가들은 저마다 경쟁력을 갖추려고 노력하지요. 하지만 개발도상국은 불리할 수밖에 없습니다. 세계화로 인해 선진국은 더 잘살게 되는 데 비해 개발도상국은 전보다 더 경제적으로 어려워지는 경우도 있습니다. 실제로 국제부흥개발은행(IBRD)의 통계에 따르면 세계화가 진행되면서 세계의 빈부 차이가 심화되는 양상을 보입니다.

　개발도상국은 다국적 기업의 생산지로 전락하면서 선진국 기업에게 노동 착취를 당하기도 합니다. 그래서 최근에는 다국적 기업의 상품을 거부하고, 생산지 노동자의 노동 가치를 인정하는 공정무역 상품에 사람들이 관심을 가지기도 합니다. 그러나 이는 소비자 운동으로 나타날 뿐이라서 전면적인 빈부격차 해결에는 미치지 못합니다. 세계의 절반이 굶주리는 이유 중 하나에 세계화가 있을 가능성이 큽니다.

문화의 세계화가 불러오는 다양한 문제들

　엑소의 노래와 군무를 세계인이 즐기는 것처럼, 세계화는 이전에 특정 집단만 즐기던 음식·음악·언어·문학·가치관·종교 양식 등 다양한 문화를 전 세계에 퍼뜨립니다. 그리고 이러한 생활양식은 종종 문화 상품으로 판매되기도 합니다.

　예를 들어 우리나라에 이슬람 이주민이 늘어나자, 이들이 종교적으로 허용받은 음식으로 믿고 먹는 '할랄' 음식을 서울에서도 쉽게 볼 수 있고, 사 먹을 수도 있습니다. 학교에 이슬람 학생이 있으면 급식에 그들이 먹지 않는 돼지고기가 포함되었을 때 대체 음식을 만들기도 합니다. 이처럼 세계화로 인해 여러 문화가 교류하고 서로 영향을 주고받으면 문화 다양성이 나타나서 문화 발전에 도움이 되기도 합니다.

　그런데 최근 우리나라의 카페에서 전통음료는 거의 사라졌고 대부분 커피로 대체되었지요. 이런 모습을 보면 세계화가 문화의 획일화를 가져온다는 염려를 하지 않을 수 없습니다. 할리우드 영화, 맥도널드 햄버거, 스타벅스 커피, 구글 검색기 등 미국 문화가 세계에 미치는 영향력은 만만치 않습니다.

이런 관점에서 생각해보면 동남아시아 국가들에서 최근 케이팝이나 한류가 아시아 지역의 음악 문화를 획일화한다며 문제 제기를 하는 것도 당연한 것 같습니다.

또 문제가 되는 것은 세계화로 인해 사람들 간의 교류가 증가하면서 나타나는 가치나 종교, 제도 등의 충돌과 갈등입니다. 싱가포르가 아직까지 유지하고 있는 태형제도(옷을 벗겨 엉덩이에 직접적인 고통을 가하는 법적 처벌) 때문에 겪는 갈등이 그 예입니다.

1994년 마이클 페이라는 미국 소년이 싱가포르로 여행을 왔다가 남의 차에 낙서를 하고 도로 표지판을 훔쳤습니다. 10대 청소년이었던 그에게 싱가포르는 자국 법에 따라 태형 6대를 포함한 처벌을 내렸습니다. 그러자 미국은 청소년을 대상으로 한 강한 처벌에 반대할 뿐 아니라 신체에 고통을 가하는 것이 인권침해라며 반발했지요. 이 갈등은 국가 간 외교 마찰로 이어지기도 했습니다.

세계화로 인해 사람들이 국경을 넘는 일이 잦아졌으니, 앞으로도 여러 나라의 법과 가치가 충돌하는 문제는 꾸준히 일어날 것입니다. 최근에는 이주민이 증가하면서 테러 등의 범죄를 일으킬 수도 있는 사람들이 입국하는 데 대해 불안을 느끼는 경우도 많습니다. 그래서 외국인의 국내 출입을 제한하기 위해 공항에서 입국 조사를 까다롭게 하거나 특정 민족의 입국을 제한하는 등의 정책을 논의하는 나라들도 있습니다.

그러나 막연한 두려움이나 공포, 충분히 조정할 수 있는 갈등으로 인해 세계화 시대가 끝나지는 않을 것입니다. 이주도 막을 수 없습니다. 2017년 미국의 이주민 제한 조치는 국제적인 비판을 받았지요. 사실 세상의 모든 일은 혜택이 있으면 반드시 치러야 하는 비용이 생기게 마련입니다. 우리는 세계화로 인한 혜택이 특정 집단에게만 주어져서 불평등이 생기지 않도록 다양한 노력을 기울여야 할 것입니다.

프로젝트 하기

기록 활동 세계화에 영향을 받은 나의 일상 기록하기

1. 일주일간 세계화에 영향을 받은 나의 일상을 사진으로 남긴다.

2. 사진을 중심으로 시간의 흐름에 따라 내용을 나열한다.

3. 각 사진에서 어떤 것이 세계화와 관련되었는지, 그것이 나의 삶에 어떤 영향을 미쳤는지 설명하고, 그에 대한 자신의 의견을 정리한다.

토론 활동 세계화에 대한 찬성과 반대 토론하기

1. 세계화에 찬성하는 사람과 반대하는 사람으로 나누어 토론 팀을 정한다.

2. 세계화의 장점과 단점, 문제점 등에 대한 관련 자료를 찾고 토론한다.

3. 토론 과정에서 나온 내용을 정리하고, 토론 과정에 비추어 자신은 어떤 의견인지 논술로 정리한 보고서를 만든다.

제작 활동 세계경제포럼과 세계사회포럼 비교하기

1. 올해 또는 작년의 두 포럼에 관한 기사를 최대한 수집한다.

2. 두 포럼의 참석자들과 주장, 논의 내용을 비교한다.

3. 비교 내용을 팸플릿으로 만들고 두 포럼에 대한 자신의 의견을 정리한다.

2 협력과 평화를 향한 세계의 손길들

(!) 지구촌 갈등, 분쟁, 내전, 테러, 전쟁, 협력, 평화, 적극적 평화와 소극적 평화, 국제기구, 비정부기구

다이너마이트 발명으로 부자가 된 스웨덴 화학자 알프레드 노벨 덕분에 매년 다양한 분야에서 노벨상 수상자가 발표됩니다. 그중에서도 전 세계인의 관심을 끄는 것은 평화상입니다.

2014년 노벨평화상은 파키스탄에서 여성의 교육을 강조한 말랄라 유사프자이(Malala Yousafzai), 인도에서 아동노동을 반대하던 카일라시 사티아르티(Kailash Satyarthi)가 공동으로 받았습니다. 두 사람에 대해 조금 더 알아볼까요?

말랄라 유사프자이는 당시 17세로 역대 최연소 노벨상 수상자입니다. 11세 때 한 블로그에 여학생의 교육을 금지한 파키스탄 탈레반의 만행을 고발했는데, 이 때문에 2012년 15세 때 귀갓길에 테러를 당했습니다. 수술을 받고 기적적으로 살아나기는 했지만 결국 두개골 일부와 청력을 잃

었지요. 이후에도 유사프자이는 탈레반의 공격 대상 리스트에 올라 있었는데도 고발을 멈추지 않고 여성 교육의 중요성을 알리는 사회운동을 계속했습니다.

인도의 카일라시 사티아르티는 아동의 교육권을 강조하면서 인도에서 오랫동안 아동 보호 운동을 해왔습니다. 아동노동으로 생산한 상품에 대해 불매운동을 주도하기도 하고, 아동노동을 위한 아동매매 현실을 세계에 알려 문제 해결을 위해 노력했습니다. 26세였던 1980년부터 아동 보호 운동에 뛰어들어 60세가 되던 해 노벨평화상을 받았습니다.

두 사람은 비슷한 분야에서 사회운동을 해왔지만, 한 사람은 파키스탄인, 여성, 17세이고, 다른 한 사람은 인도인, 남성, 60세입니다. 두 사람의 출신 국가를 보면 묘한 생각이 듭니다. 두 나라는 서로 국경선이 닿아 있는데 노벨상을 받을 당시에도 갈등이 있던 상태였습니다. 노벨상을 주관하는 노르웨이 노벨위원회는 이 두 사람이 나란히 노벨평화상을 받음으로써 두 나라에 평화가 유지되길 바라는 입장도 어느 정도 있었음을 내비쳤습니다.

복잡한 원인이 중첩되어 있는 지구촌의 갈등들

지구촌에 사는 사람들은 매우 다양합니다. 민족, 인종, 종교, 역사, 가치관, 지역, 자연환경, 자원 등 개인이나 집단이 갖고 있는 것 또한 매우 다양합니다. 그로 인해 여러 면에서 '차이'가 발생합니다. 차이 자체는 있을 수 있지만 이것이 대립하여 갈등이 생기면 문제가 되지요. 대표적으로 종교, 자원, 영토, 민족 등에서 국가 간 또는 국가 안에서 갈등이 일어납니다. 북극이나 남극 같은 곳에서도 마찬가지입니다. 표면적인 이유는 한 가지로 보이지만 알고 보면 여러 가지 이유가 겹쳐 있는 경우가 많습니다.

최근에 세계인의 눈길이 쏠린 시리아 내전을 살펴볼까요? 시리아는 아시아에 속한 나라로 지중해 연안에 위치해 있습니다. 시리아 내전에 대해 알려면 40여 년간의 독재 정치, 이에 저항하는 반정부 운동에 대해 먼저 알아야 합니다. 국가 안에서 갈등이 지속되다가 2011년 정부군에 의해 시민들이 사망했고, 이후에도 반정부 운동을 하던 시민들이 사망하는 사건들이 연이어 일어났습니다.

이렇게만 보면 정치적 갈등 같지만, 실은 그 안에 종교적 갈등이 자리하고 있습니다. 오랜 기간 독재를 한 지도자들은 이슬람 시아파이고 반대하는 시민군 대부분은 이슬람 수니파입니다. 여기에 주변 국가가 개입하여 중재하면서 문제가 더 커졌습니다.

2012년 유엔이 시리아가 내전 중임을 선포한 이후 세계가 시리아에 관심을 갖기 시작했고, 주변 국가는 중재 노력을 기울였습니다. 그런데 이 나라의 종교 분포로 인해 중재 과정에서 갈등이 생겼습니다. 주변 국가 중에서 시아파인 이란은 시리아 정부를 지지하고, 수니파인 사우디아라비아는 시민군을 지지하게 된 것이죠. 미국과 러시아도 개입했는데, 러시아는 정부군을, 미국은 시민군을 대변하는 양상을 보였습니다. 여기에 주변 여러 나라의 수니파들 중 급진 무장단체인 IS(Islamic State)까지 개입하면서 전쟁 형태로 바뀌어버렸습니다.

이를 피해 나라를 등진 시리아 난민들은 이웃 나라인 요르단을 거쳐 그리스나 터키를 통해 유럽으로 이주했습니다. 유럽에서는 이들 난민을

터키-시리아 국경에 모여 있는 시리아인들(2011년 6월 18일). 수많은 시리아 국민들이 독재 정권인 바샤르 알 아시드 대통령에 반대하는 시위를 하고 있다.

받아들인 것인지 논란을 계속하다가 결국 영국이 유럽연합에서 탈퇴하는 브렉시트(Brexit)까지 일어났습니다.

시리아 내전이 일어나고 있는 와중에 시리아 민간 구조대로서 인명 구호 활동을 한 '하얀헬멧'이라는 비정부기구(NGO)는 노벨평화상 후보에 오르기도 했습니다.

세계 여러 지역에서 발생하는 갈등은 시리아 내전처럼 겉으로 보기엔 원인이 하나 같지만 알고 보면 여러 요소가 복잡하게 얽혀 있습니다. 내전이나 이웃 국가 간의 갈등에는 종교 갈등이 뿌리 깊게 박혀 있거나, 제1, 2차 세계대전 이후에 다른 민족들이 하나의 국가로 묶여 독립한 과정에서 역사, 식민지 문제, 영토와 자원에 대한 다툼 등을 안고 있는 경우가 대부분입니다.

유엔부터 하얀헬멧까지, 국제사회의 갈등과 대립을 해결하기 위한 다양한 노력

국제사회의 갈등이 시리아 내전처럼 확대되기만 하는 건 아닙니다. 극적인 해결을 맞는 경우도 있지요. 1949년에 아일랜드 공화국은 영국으로부터 완전히 독립하였지만, 북아일랜드로 불리는 몇몇 지역은 여전히 영국령으로 남았습니다.

그런데 북아일랜드 지역에 사는 신교도는 영국령으로 남길 원하고, 구교도는 독립을 원하면서 분쟁이 일어났습니다. 이를 조정하기 위해 영국, 아일랜드 공화국, 종교 지도자들, 미국이 오랫동안 개입하여 두 집단의 의견을 중재하고 해결안을 마련했습니다. 오랜 노력 끝에 마침내 1998년에 협정을 통해 평화를 이루었지요. 이 과정에 미국의 전 의원인 조지 미첼(George Mitchell)이 핵심적인 역할을 했고 유럽연합도 적극적으로 지원했습니다.

시리아 내전이 확대되는 과정, 북아일랜드의 분쟁이 해결되는 과정을 보면, 많은 주체들이 갈등을 낳기도 하지만 협력과 조정을 통해 평화를 이루기 위해 애쓰기도 한다는 점을 알 수 있습니다. 시간이 지나 시리아에서도 이런 모습을 볼 수 있게 되기를 희망합니다.

기본적으로 국제사회에서 분쟁이나 갈등이 생기면 해당 국가를 포함해 '개별 국가'가 영향력을 갖습니다. 당사국들은 국민과 영토를 지키기 위해 애를 쓰고 자국에 유리한 방안을 제시합니다. 종종 미국 등 힘 있는 국가가 다른 나라 일에 더 큰 영향력을 행사하기도 합니다.

유엔, 유럽연합을 비롯한 다양한 '국제기구'도 국제사회에서 일정한 역할을 하는 행위주체입니다. 국제기구는 개별 국가의 정부가 회원국이 되어 경제·문화 협력이나 평화 유지를 위해 만든 조직체입니다. 국제기구 중에는 유엔처럼 세계 대부분의 국가가 속한 기구도 있고, 유럽연합처럼 특정 지역 안의 국가들만 속한 기구도 있습니다.

앞서 말했던 하얀헬멧 같은 '비정부기구'들도 있습니다. IS처럼 갈등을 유발하는 무장단체도 있지만, 국제사회에서 활동하는 대부분의 비정부 기구들은 갈등이나 분쟁 지역에서 평화를 위해 다양한 노력을 기울이고 있습니다. 환경운동을 하는 그린피스, 의료 구호 활동을 하는 국경없는의 사회, 인권을 강조하는 국제앰네스티 등은 이미 우리에게도 친숙한 비정부기구지요.

조지 미첼같이 세계적인 영향력을 가진 '개인'도 다양한 분쟁이나 갈등을 조정하고 인류 평화를 증진하는 활동을 합니다. 말랄라 유사프자이, 카일라시 사티아르티, 지미 카터[7] 등 수많은 노벨평화상 수상자들이 그렇습니다. 상을 받지는 않았지만 역시 지구촌의 평화를 위해 헌신하는 이름 없는 시민운동가, 안젤리나 졸리 같은 연예인도 지구촌이 겪는 어려움과 갈등에 희망의 빛을 비추기 위해 노력하는 사람들입니다.

진정한 지구촌 평화를 위하여

수많은 행위주체들이 나서서 갈등을 조정하고 분쟁을 해결하기 위해 노력하는 이유는 무엇일까요? 당연히 지구촌 평화를 위해서일 것입니다. 아무리 사소한 일일지라도 주변 사람과 갈등이 일어나면 마음이 불편하지요. 저녁에 부모님이나 친한 친구와 다투었다면 기분이 좋지 않을 겁니다. 그 기분이 다른 데로 튀어서 새로운 다툼을 만들기도 하고요.

지구촌도 마찬가지입니다. 시리아 내전이 난민을 양산하고, 영국의 브렉시트, 유럽 내 테러 등 다양한 양상으로 번지는 것만 봐도 알 수 있습니다. 그래서 지구촌 모든 인류의 행복을 위해서는 갈등을 끝내야 합니다. 이를 위해 다양한 주체들이 나서서 협력하는 것입니다.

가장 좋은 방법은 개별 국가들이 협력하여 협약이나 조약 등 국제적인 법을 만들어 해결하는 것입니다. 그런데 한 나라 안에서도 법을 만들기가 쉽지 않은 마당에 세계가 합의하는 국제법을 만드는 것은 얼마나 어려울까요. 더구나 국제사회에서 이를 강제하기도 어렵고요. 그래서 다양한 행위주체들이 노력하는 것입니다.

앞선 예들을 보면 갈등이나 분쟁이 일어나기 전에 종교 등 차이로 인한 차별이 내재되어 있음을 알 수 있습니다. 이런 점을 볼 때 평화로 가려면 두 가지 방법이 필요합니다.

하나는 테러, 전쟁 같은 물리적인 폭력 자체를 없애는 방법입니다. 그러나 이게 가능하더라도 원인이 근본적으로 해결되지 않으면 언젠가 다시 물리적 폭력이 나타날 것입니다. 그래서 이처럼 단순히 물리적인 폭력을 없애는 것을 '소극적 평화'라고 합니다.

자원 확보를 위한 지구촌 갈등

우리나라는 현재 남극에는 세종과학기지와 장보고과학기지를, 북극에는 다산과학기지를 보유하고 있다. 남극과 북극엔 우리나라 외에도 여러 나라가 기지를 세웠다. 20세기 초에 몇몇 나라가 '특정 영토에 대하여 해당 국가가 갖는 관할권'인 영유권을 남극에 주장했으나, 1959년 남극조약을 통해 어떤 나라도 영유권을 갖지 않으며 연구를 위해서 평화적으로만 이용하기로 했다. 그래서 우리나라를 비롯한 많은 나라들이 그곳에 과학기지를 세운 것이다.

사람이 살지도 못하는 남극이나 북극에 많은 국가들이 영유권을 주장하는 이유는 지하자원 때문이다. 그래도 북극이나 남극처럼 영유권이 없는 경우는 평화롭게 해결되지만, 자원을 둘러싸고 극심한 갈등을 겪는 곳도 많다.

예를 들어 중앙아시아에 위치한 세계에서 가장 큰 내해(內海)로, 바다인지 호수인지 논쟁까지 있었던 카스피해 주변 국가들의 갈등이 있다. 이곳에는 석유와 천연가스가 매장되어 있는데, 카스피해 주변 국가들 간에 소유권을 두고 갈등이 일어난 것이다. 카스피해를 바다로 보면 해안선 기준 12해리를 적용해야 하고, 호수라면 연안국이 협의하여 호수에 대한 권리를 나누어야 한다. 그런데 여러 나라들이 서로 자국에 유리한 조건을 내걸려고 하니 갈등이 해결되지 않는 것이다.

이처럼 자원을 둘러싼 갈등이 심해지는 이유는, 주요 에너지 자원인 석유, 석탄, 천연가스 등의 매장량이 한정되어 있는데 경제 발전을 위해서는 꼭 필요하기 때문이다. 석유수출국기구(OPEC)처럼 자원을 활용하여 자국의 이익을 꾀하는 자원 민족주의도 이러한 갈등을 불러오는 요인이다.

앞으로도 자원을 둘러싼 지구촌의 갈등은 계속될 전망이다.

또 다른 방법은 빈곤, 기아, 정치적 억압, 종교 차별 등 환경이나 문화적 폭력을 개선하여 궁극적으로 모든 사람들이 행복하게 살 수 있는 조건을 만들어내는 것입니다. 이러면 물리적 폭력의 가능성을 근본적으로 줄일 수 있으니까요. 이처럼 환경·문화적인 측면의 폭력을 없애서 삶의 조건을 개선하는 활동을 '적극적 평화'라고 합니다. 말랄라 유사프자이나 카일라시 사티아르티가 노벨평화상을 받은 이유도 이들이 적극적 평화를 위해 노력했기 때문입니다.

책상 위에 있는 난민 기금 저금통을 용돈으로 채워나간다면, 우리도 지구촌의 적극적 평화를 위해 노력하고 있는 셈입니다. 지구촌 아동노동 해결을 위한 마라톤 대회에 나가서 뛴 만큼 후원금을 받아냈다면, 그것도 지구촌 평화를 위해 노력한 것입니다. 나중에 비정부기구에 들어가서 지구촌 환경을 위해, 기아나 난민을 위해, 아픈 사람을 위해, 인권을 침해받는 사람을 위해 활동하겠다고 생각한다면 그 역시 지구촌의 적극적 평화를 위해 노력하는 것입니다.

우리는 지구촌의 평화를 위해 또 어떤 노력을 할 수 있을까요?

토론 활동 지구촌 갈등과 국제사회의 개입에 대해 토론하기

1. 지구촌 갈등에 다른 행위주체들이 개입한 사례를 기사에서 찾는다.

2. 해당 사례에서 다른 행위주체들이 개입한 이유와 그들의 활동을 정리한다.

3. 지구촌 갈등에 국제사회가 개입하면 평화에 도움이 되는지, 아니면 갈등
   을 더 유발하는지 살펴보고 나의 의견을 정한다.

4. 국제사회의 다양한 행위주체들이 한 국가의 갈등이나 분쟁에 개입하는
   것에 대하여 찬성과 반대 팀을 이루어 토론한다.

5. 토론 과정에서 나온 의견을 모아서 정리하고 나의 의견을 최종 제안한다.

제작 활동 2010년대 지구촌 갈등 양상을 세계지도에 표시하기

1. 신문기사를 검색하여 2010년대에 일어난 지구촌 갈등을 찾아본다.

2. A3 용지 한가운데에 세계지도를 그린다.

3. 기사 검색을 통해 찾은 갈등 및 분쟁 지역을 세계지도에 표기하고 그 내
   용을 포스트잇에 적어서 세계지도 밖에 놓은 다음, 해당 지역과 연결하여
   지도를 완성한다.

보고서 활동 지구촌 협력을 위한 비정부기구 소개하기

1. 세계적으로 널리 알려진 비정부기구 중 하나를 정한다.

2. 이들의 정보를 찾아서 정리한다. 이때 해당 비정부기구의 홈페이지나 관
   련 기사 등을 보고 가장 최근 활동 내용을 찾아본다. 활동 모습을 담은
   사진도 출처를 제시하고 활용한다.

3. 이들의 활동에 대하여 평가해본다.

4. 내가 찾은 비정부기구에 대한 보고서를 작성한다.

3 동아시아 평화를 위한 한반도의 숙제

(!) 분단, 통일 한국, 동아시아, 동아시아 갈등, 일제 강점기,
위안부 갈등, 영토 갈등, 역사 갈등

우 리나라를 외국인에게 소개한다면 무엇부터 얘기하면 좋을
까요? 아시아에 속한 국가, 분단국가, 반도 지형, 이웃한 일
본·중국·러시아·미국과의 관계를 설명하면 될까요? 이웃한 나라 중 지
리적으로 가장 가까운 중국, 일본과 역사적으로 미묘한 관계라는 점은
어떻게 설명해야 할까요? 반만 년 역사보다도 최근 100년의 역사를 설명
해주는 것이 한국의 정체성을 잘 보여줄 수 있지 않을까요?

우리나라는 일제 강점기 때 대한민국 임시정부를 수립하면서 왕정국가
에서 공화국으로 넘어갔습니다. 광복 후 미군과 소련군의 분할 통치, 남한
의 단독 정부 수립, 전쟁, 그리고 휴전과 분단……. 최근까지의 북한의 군
사적 위협 때문에 한반도는 아직도 전쟁이 끝난 상태가 아니라 잠시 휴
전 중임을 새삼 깨닫게 되었습니다.

동과 서로 나뉘었던 독일이 통일되자, 독일인들은 유럽 전역으로 쉽게 이동할 수 있게 되었죠. 우리도 분단이 되지 않았다면 중국을 통해 아시아와 유럽, 아프리카의 다른 나라를 편하게 오갈 수 있었을까요?

우리에게는 이산의 아픔이 있습니다. 하나의 국가가 전쟁으로 분단되면서 부모, 형제, 부부, 친척이 남과 북으로 나뉘어 서로를 그리워하고 있습니다. 그나마 남북이 평화적 관계를 유지할 때에는 이산가족이 만날 수 있었습니다. 한반도기를 들고 올림픽에 함께 참가하고 금강산 관광을 가고 개성공단을 통해 경제 교류를 하는 등 적극적 평화를 구현하려 했지요.

2018년 4월에 이루어진 판문점 선언을 보면, 독일 베를린 장벽이 무너진 것처럼 어느 날 느닷없이 통일이 올 것 같고, 그래서 세계 유일한 분단국가, 휴전국가에서 벗어나게 될 것 같습니다. 그러나 아직도 북한의 약속을 신뢰하지 못하는 사람들이 있으며, 통일이 오면 경제적으로 어려움에 처할 것이라며 통일을 반대하는 사람들도 있습니다. 이런 현실을 보면 통일은 쉽지 않아 보입니다.

언제 우리는 분단국가가 아닌 하나의 언어와 하나의 역사와 하나의 정부를 가진 나라가 될 수 있을까요? 언젠가 대륙의 반도국가로서 이웃한 나라의 국경을 밟고 다른 세계로 나아갈 수 있을까요?

동아시아의 갈등과 역사, 그리고 한반도

근 100년간 한반도를 둘러싼 역사 안에 현재 한국, 중국, 일본 세 나라의 관계가 담겨 있습니다. 일본은 과거 제국주의적 강제 점령으로 한국을 식민지화하였고, 이 과정에서 한국 문화를 말살하려는 정책을 폈습니다. 독립운동을 하던 많은 사람들이 일본의 비인간적인 폭력에 죽어갔지요. 강제 노역에 징집되어 일본으로 간 이들과 위안부로 끌려간 이들까지 일본이 20세기 초반 한국인에게 가한 일들은 여전히 고통스러운 기억으로 남아 있습니다.

지금까지도 일본은 위안부의 고통을 외면하고, 위안부가 자발적이었다며 사실을 왜곡합니다. 게다가 제2차 세계대전 A급 전범의 위패가 안치되어 있는 야스쿠니 신사에 정부 고위직 인사들이 참배하는 등 반성조차 하지 않습니다. 또한 우리 땅인 독도를 자신의 영토라고 주장하면서 갈등을 만들어내고 있지요. 그래서 우리에게 일본은 과거의 앙금이 남아 있는, 가깝지만 먼 이웃입니다.

중국은 20세기 초반에 일본으로부터 침략당한 경험이 있기에 일본에 대해서는 우리나라와 같은 입장입니다. 하지만 우리나라와의 관계에는 또 다른 역사적 마찰이 있습니다. 기본적으로 우리에게는 고구려, 발해 등 만주 지역에서 이루어진 역사가 있기 때문에, 관련한 유물이나 유적이 남아 있습니다. 그런데도 중국은 이를 자신들의 역사로 편입시켜 기록하려고 하는 동북공정(東北工程)◆의 과정을 밟고 있습니다.

또한 지금은 우리나라와 교류를 하고 있지만, 한반도에서 전쟁이 일어났을 때는 북한 편에 서서 한때 적으로 싸운 적이 있습니다. 지금도 중국은 남한과 북한 문제가 국제적으로 대두되면 북한 편에 섭니다. 2017년

◆ 동북공정 중국 정부에 의해 설립된 중국사회과학원에서 2001년부터 시작한 프로젝트이다. 중국의 동북 지역에 위치한 3개의 성(지린성, 랴오닝성, 헤이룽장성)의 역사를 연구한다. 그런데 이 프로젝트의 핵심이 중국의 국경 안에서 이루어진 역사를 모두 중국의 역사로 만드는 것이 되면서, 우리의 역사인 고조선, 고구려, 발해의 역사도 중국의 역사로 편입시켜 우리나라와 역사 갈등이 생겼다.

북한의 군사 도발과 그로 인한 한반도 갈등에서 사드 배치 문제가 생겼을 때 중국은 반한정책을 펼쳤지요. 이런 사실들을 미루어볼 때 중국은 우리 나라와 좋은 관계에 있다고 보기 어려운 이웃입니다.

일본과 중국, 그리고 일본과 러시아 사이에서도 영토로 인한 갈등이 있습니다. 일본과 중국은 센카쿠 열도(댜오위다오)를 사이에 두고 서로 영토 주장을 하고 있습니다. 일본과 러시아는 쿠릴 열도(북방도서)를 사이에 두고 옥신각신하고 있고요.

이런 영토 분쟁은 대부분 제2차 세계대전이 끝나고 수많은 섬들이 귀속되는 과정이 명료하지 않았기 때문에 생겼습니다. 당시에는 중요하지 않았던 섬들이 1970년대 들어 해양자원, 특히 지하에 매장된 자원 때문에 중요성이 커지자 분쟁이 본격화되었지요.

이렇게 보면 현재 동아시아에서 일어나는 갈등은 과거 문제이기도 하지만 현재의 삶과도 관련이 있으며 미래와도 연결되어 있음을 알 수 있습니다. 독일의 침략으로 힘든 세월을 보냈던 유럽은 현재 유럽연합이라는 지역 연합체를 통해 과거를 잊고 평화를 이루어내었습니다. 덕분에 유럽연합은 2012년에 노벨평화상을 받았습니다.

동아시아에도 그런 날이 올까요?

"역사를 잊은 이들에게 미래는 없다"

영국, 독일, 프랑스를 비롯한 서유럽은 한국, 일본, 중국과 비교하기 어려울 정도로 수많은 전쟁과 갈등을 경험했습니다. 그러나 제2차 세계대전 이후 지금까지는 거의 70여 년 가까이 전쟁 없이 지내고 있는데, 전쟁으로 얼룩진 유럽의 역사를 생각하면 놀라운 일입니다. 무엇이 이 평화를 가능하게 했을까요?

제2차 세계대전에 독일이 자행한 유대인 대학살, 즉 '홀로코스트'로 그 어느 때보다 전쟁 중 사망자가 많았는데, 어쩌면 이를 반성하고 있기 때문이 아닐까요. 그들은 인간의 존엄함과 평화의 소중함을 전쟁의 고통 가운데서 배운 것입니다. 이것이 가능한 이유는 전쟁의 가해자인 독일의 진심어린 반성과 철저한 배상, 그리고 이웃 나라의 용서가 있었기 때문일 것입니다.

1945년 연합국 지도자들이 포츠담협정으로 새로운 독일 정부를 계획하고, 독일의 비무장화, 탈 나치화, 전쟁 배상금 등에 대한 논의를 했습니다. 이를 바탕으로 독일은 나치가 행한 홀로코스트의 피해자에게 배상을 해나갔습니다. 그리고 1970년대에는 당시 서독 총리였던 빌리 브란트(Willy Brandt)가 폴란드에 있는 유대인 학살 기념비 앞에 무릎을 꿇고 사죄했습니다. 이런 사죄와 배상은 여전히 진행 중입니다.

독일은 아직까지도 기회가 있을 때마다 지금의 독일 국민들에게도 사죄가 중요함을 강조합니다. 또한 이런 일을 주관하는 단체가 있는데 '기억, 책임 그리고 미래'라는 재단입니다. 이 재단은 통일 독일의 상징인 베를린의 브란덴부르크 문 가까이에, '학살당한 유럽 유대인을 위한 기념물'을 세우는 등 지속적으로 자신들의 잘못을 기억하면서 그에 대한 책임을 실천하고 있습니다.

현재 독일은 "역사를 잊은 이들에게 미래는 없다"라는 가르침을 실천하여 치욕스런 과거를 기억하면서 평화의 미래를 만들어나가는 나라가

사죄하는 빌리 브란트 서독 총리. 그는 1970년 12월 폴란드 바르샤바를 방문해 유대인 추모비 앞에서 독일의 지난 과오에 대해 사죄했다.

되었습니다. 그뿐만이 아닙니다. 역사를 제대로 기억하기 위해서 독일, 영국, 프랑스의 역사학자들이 공동 역사 교과서를 집필하기도 했습니다. 여기에는 교육을 통해 과거의 아픈 역사를 정확하게 공유하고 미래를 같이 만들어나가자는 의도가 담겨 있습니다. 공동으로 쓴 역사 교과서는 각국의 언어로 번역되어 학교에서 교재로 사용하고 있습니다.

한때 한국, 일본, 중국의 역사학자들도 공동 역사 교과서를 집필하고, 이를 기반으로 평화와 번영을 위한 미래를 만들려는 노력을 하였습니다. 그러나 과거에 대한 사과는커녕 배상도 하지 않고, 역사 왜곡, 영토 분쟁

한·중·일 공동 역사 교과서 집필[18]

한국·중국·일본 간에도 역사 교과서를 공동으로 집필하려는 움직임이 있었고, 실제로 집필도 했다. 이는 일본의 역사 왜곡에 반대하는 한일 역사학자들, 역사 교사들이 1990년대부터 오랜 교류를 하여 만들어진 결과물이다.

2005년에 발간된 『조선통신사』는 한일 간 조선통신사의 교류사를 다룬 역사 교과서다. 2002년에는 '한중일3국공동역사편찬위원회'라는 모임을 만들었고 여기에 중국 역사학계도 참여하여 세 나라의 개항 이후의 근현대사를 다룬 『미래를 여는 역사』가 2005년에 발간되었다.

2006년에 발간된 『마주 보는 한일사』는 역사 교사들이 교류해 만든 책으로, 선사시대부터 개항 이전까지의 한일 문화 교류 역사를 다루었다. 2007년에는 한국과 일본의 고등학교용 공동 교과서로 『한일 교류의 역사』가 발간되었다. 이 교과서는 선사시대부터 현대까지 양국의 역사를 다루었는데 특히 근현대사의 비중을 높였다. 그리고 2012년에 『한중일이 함께 쓴 동아시아 근현대사 1, 2』를 출판했는데 이 교과서는 세 나라의 일상사와 문화 교류에 초점을 두었다.

공동 역사 교과서는 국가 간 역사 갈등을 치유하기 위한 노력의 일환이었다. 이는 자국 중심의 역사 인식으로 드러나는 문제, 그리고 상대국 역사 인식에 대한 이해가 필요함을 깨닫는 계기가 되었다.

이 사례와 더불어 한·중·일의 미래를 위한 관계 개선의 방향은 무엇일지 생각해보자.

이 지속되어 이러한 노력은 가려지고 있습니다.

우리나라의 어느 방송 프로그램에서 한 독일인이 이렇게 말한 적이 있습니다. "과거를 알고 있던 분들이 돌아가시기 전에 잘못한 역사를 후손

에게 정확하게 가르쳐야 한다. 그게 진정한 사과의 시작이다." 이 말이 큰
울림으로 남습니다.

대한민국, 세계 평화를 이끌어내는 아름다운 나라로

식민지 경험, 전쟁과 분단이라는 고통 속에서도 한국은 세계 무역 규모
10위권에 들어가는 경제 성장을 이루었습니다. 여러 차례 어려움이 있었
지만, 민주적인 정권 교체가 가능한 민주주의 국가가 되기도 했고요. 케
이팝 등 세계 곳곳에서 즐기는 문화도 가지고 있습니다. 이뿐만이 아닙니
다. 다른 나라의 원조를 받다가 원조를 해주는 나라로 변한 사례는 세계
에서 한국이 유일합니다.

G20, OECD 등 국제기구의 회원으로서 대한민국은 세계에서 일어나는
일에 다양하게 협력하는 국제사회의 일원이기도 합니다. 한반도의 20세
기는 갈등과 분쟁, 고통과 가난의 경험을 남긴 시기였지만, 21세기에는 협
력과 평화, 나눔의 경험을 남길 수 있을 것입니다.

그러나 한편으로 한반도는 여전히 지구상에서 유일한 분단국가입니
다. 북한 핵무기 개발은 남한뿐 아니라 동아시아, 태평양 지역, 나아가 지
구촌 평화를 위협하였습니다. 2018년 판문점 선언으로 북한이 세계 무대
에서 교류와 협력을 통해 함께 번영의 미래로 나아가는 길이 열리게 되었
지만 이 길이 마냥 꽃길만은 아닐 것입니다. 또한 수많은 노력에도 불구하
고, 아픈 역사에 대한 주변 국가의 제대로 된 사과를 받지 못했고, 아직
도 역사를 청산하지 못한 상태입니다.

동남아시아까지 확장해서 생각해보면, 많은 국가들이 과거에 중국이나 일본의 침략을 받은 적이 있습니다. 그러나 한국은 이러한 침략의 역사에서 자유롭습니다. 중국과 일본의 침략을 받은 적은 있지만 한국이 먼저 침략한 적은 없지요. 동아시아에서 우리의 역사적 경험과 현재 국제적 위치를 고려할 때, 오늘날 아시아의 평화를 주도할 수 있는 나라는 바로 한국입니다.

그러므로 우리는 한반도의 통일과 평화, 동아시아 국가 간의 책임 있는 역사 인식 속에서 새로운 미래를 만들어나가기 위한 노력을 해야 합니다. 더불어 우리가 어려움에 처했을 때 다른 나라가 도움을 준 일을 기억하고, 현재 도움이 필요한 나라에 손을 내밂으로써 세계 평화에 공헌할 수 있을 것입니다.

김구 선생님은 『나의 소원』이라는 책에 이렇게 썼습니다. "내가 원하는 우리 민족의 사업은 결코 세계를 무력으로 정복하거나 경제력으로 지배하려는 것이 아니다. 오직 사랑의 문화, 평화의 문화로 우리 스스로 잘 살고 인류 전체가 의좋게, 즐겁게 살도록 하는 일을 하자는 것이다."[19]

여러분이 이 나라를 이끄는 다가올 미래에 대한민국이 참으로 평화와 행복을 이끌어내는 아름다운 나라가 될 수 있기를 기대합니다.

제작 활동 대한민국에서 일어난 분단과 협력의 역사서 만들기

1. 1945년 광복 이후 분단 과정을 정리한다.

2. 전쟁 이후 북한과의 갈등 상황을 정리한다.

3. 분단 이후 북한과 경제, 스포츠, 문화, 학문 등 다양한 측면의 협력 상황
   을 조사한다.

4. 전체적인 과정을 한 권의 역사책으로 만든다.

제안 활동 통일 독일에서의 갈등과 그 해결 방안 찾아보기

1. 독일이 통일되던 당시의 상황을 조사한다.

2. 통일로 인한 서독과 동독 간의 갈등과 문제점을 정리한다.

3. 이를 해결하기 위한 독일 정부의 노력을 찾는다.

4. 통일 후 우리나라에서 발생할 문제점을 생각하고 어떤 노력이 필요한지
   의견을 제시한다.

조사 활동 대한민국의 미래에 대한 '나의 소원' 인터뷰하기

1. "미래에 대한민국이 세계에서 어떤 역할을 하는 나라가 되기를 원합니
   까?"라는 질문을 가지고 길거리에서 10명 정도 인터뷰를 한다.

2. 왜 그렇게 생각하는지 그 이유를 함께 묻는다.

3. 인터뷰 내용을 토대로 사람들이 그리는 대한민국의 미래를 정리하고, 나
   의 의견을 제시한다.

전쟁은 여자의 얼굴을 하지 않았다

문학	미술	영화	뮤지컬
V			

2015년 노벨문학상을 받은 벨라루스 출신인 스베틀라나 알렉시예비치의 대표작. 1985년 출간 이후 검열당하고 러시아의 영광에 먹칠했다는 이유로 내용이 삭제되기도 했다. 완전본으로 2002년에 재출간되었으며, 우리나라에서는 2015년에 번역 출간되었다.

줄거리

전쟁 이야기를 다룰 때는 남성의 이야기를 전하는 것이 일반적이다. 그런데 이 책은 여성이 경험한 전쟁을 다룬다. 저자는 제2차 세계대전에 참여한 소비에트 여성 200명을 인터뷰하여 여자들이 말하는 전쟁 이야기를 담아냈다.

여자들은 처음 사람을 죽이고 울음을 터뜨린 경험, 피에 대한 공포 때문에 빨간색을 인지하지 못하게 된 경험, 전장에서 첫 생리를 한 경험, 들판에 죽은 사람의 시체를 감자처럼 느꼈던 경험을 말한다. 그럼에도 이들은 전쟁 후 주변 사람들에게 "생명을 낳을 몸으로 생명을 죽이는 일을 했다"는 비난을 받았다고 고백한다.

이 책은 전쟁이 일상을 파괴하고 개인의 삶을 송두리째 무너뜨린다고 말한다. 그래서 전쟁이 얼마나 추한 얼굴을 하고 있는지, 전쟁 앞에서 보통 사람들이 얼마나 가혹해지는지를 알게 한다. 이런 경험들을 마주하다 보면 불현듯 우리나라 위안부 여성들이 당한 아픔도 그려진다.

📚 주제 던지기

역사에서 전쟁은 무수히 일어났다. 종종 평화를 위해 전쟁이 필요하다고 말하기도 한다. 이와 관련하여 두 가지 주장이 가능하다.

주장 ① 평화를 위한 전쟁은 정당하다.

왜냐하면 전쟁으로 승리가 확정되지 않으면 갈등이 지속되고 전쟁과 동일한 상태가 이어지기 때문이다. 결국 사람들은 끝나지 않는 고통 속에서 살아야 한다. 부당한 권력을 가지고 제국주의적 지배를 하는 등 대화와 타협이 전혀 불가능한 상황일 경우에는 차라리 전쟁으로 평화를 이끌어내는 것이 고통을 짧게 끝내는 길이다. 평화가 없는 고통스러운 상황에서는 진정한 평화를 되찾기 위해 전쟁을 하는 것이 인류에게 유익한 길이다.

주장 ② 평화를 위한 전쟁이란 불가능하다.

왜냐하면 전쟁은 기본적으로 인간에게 고통을 주는 것으로 갈등을 더 크게 만들 뿐, 평화를 이끌지 않기 때문이다. 역사를 보더라도 평화를 위한다면서 전쟁을 미화한 일이 많다. 이는 전쟁으로 인해 고통받는 일반인의 삶을 전혀 고려하지 않은 지배자들의 논리다. 갈등이나 대립은 대화와 타협으로 조정할 수 있다. 아무리 평화를 목적으로 하더라도 그로 인해 희생당하는 사람을 고려하면 평화를 위한 전쟁이라는 것은 성립할 수 없다.

📚 토론 주제

평화를 위한 전쟁은 과연 정당한가?

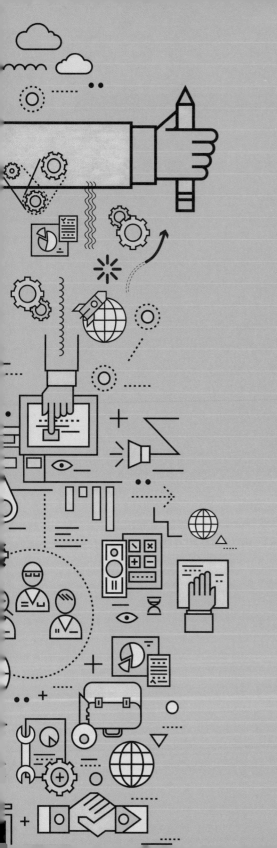

5장

다음 세대를 위한
우리의 선택은
무엇인가?

※ 미래와 지속 가능한 삶

쓸쓸한 듯이 과거를 보지 말라.
그것은 두 번 다시 돌아오지 않으므로 주저하지 말고 현재를 개선하라.
그림자 같은 미래를 향해 나아가라.
두려워하지 말고 씩씩하게 용기를 갖고 나아가라.
— 헨리 워즈워스 롱펠로(미국의 시인)

1 인구 변화, 그리고 지구의 앞날은?

⚠️ 출생률, 사망률, 합계출산율, 인구 분포, 인구 구성, 인구 이동, 저출산 고령화, 인구 부양비, 인구 문제와 미래 세대를 위한 정의

지구의 나이는 46억 년 이상이라고 합니다. 정말 오래되었지요. 이렇게 지구의 역사가 긴 데 비해 현생 인류의 조상인 호모사피엔스가 살기 시작한 것은 최근의 일입니다. 선사시대를 지나고 역사시대로 접어든 이후에도 인간은 기아와 전염병 같은 자연으로부터 온 고통, 전쟁 같은 인간이 만들어낸 고통에 의해 목숨을 잃는 경우가 많았습니다. 그러다 보니 인구 증가는 인류의 전체 역사에서 별로 중요한 관심거리가 아니었습니다.

『역사로 보는 환경』이라는 책에 따르면, 지구촌의 인구가 5억 명이 된 시기를 1650년쯤으로 잡습니다. 현생 인류가 농업을 하며 정착생활을 시작한 기원전 8000년부터 1,500년마다 2배 정도 인구가 증가한 결과입니다. 그런데 지구 인구가 5억 명이 되고 나서부터 인구 증가 양상이 달라졌습

니다. 이에 대해 이 책에서는 이렇게 기술합니다. "그 이후로 5억의 인구가 10억으로 증가하는 데 200년이 걸렸고(1850년), 10억이 20억으로 불어나기까지는 80년이 걸렸다(1930년). 1930년부터 45년 후인 1975년에 지구 인구는 45억에 달하게 되었고, 1999년에 60억을 돌파하였다. 2025년에는 85억, 2050년에는 100억이 넘어 갈 것으로 예측되고 있다."[20]

최초로 인구가 급격하게 증가한 1700년대 말에 살았던 영국의 경제학자 토머스 맬서스(Thomas Malthus)는 『인구론』이라는 책을 통해 급격한 인구 증가가 지구에 치명적 문제가 될 것이라고 예측했습니다. 식량은 산술적으로 증가하지만 인구는 기하급수적으로 증가해서, 인구 증가에 따라 빈곤을 피할 수 없게 되어 미래가 암울하다고 말이지요. 그런데 맬서스의 예측과 달리 인간은 과학기술을 발전시켜 인구 증가만큼이나 식량 생산을 늘렸습니다.

맬서스의 예측처럼 인구는 기하급수적으로 증가하였지만, 그의 예측과 달리 많은 사람들이 기아, 전염병, 전쟁 등에서 벗어나고 있습니다. 그런데 현대인은 과거와 달리 인구 불균형이라는 새로운 문제에 놓여 있습니다. 지구라는 공간에서 살아가는 '인구'는 지구, 그리고 인간 스스로에게 어떤 영향을 미칠까요?

어디에, 누가, 얼마나 많이 사는가?

지구에는 오대양 육대주*가 있습니다. 그리고 6개의 대륙에 있는 다양한 나라에 각기 다른 국적을 가진 사람들이 살고 있지요. 지도를 펼쳐보면 대륙의 넓이가 각각 다르고, 대륙 안에서도 기후와 지형 등 자연환경이 달라서 인구가 많은 곳이 있는가 하면 적은 곳도 있습니다. 자연환경만이 아니라 종교, 경제수준, 산업 등 다양한 인문환경도 인구에 영향을 줍니다.

유엔의 세계 인구 자료에 따르면, 2015년을 기준으로 세계 인구의 반 이상이 아시아 지역에서 살고 있습니다. 그다음이 아프리카, 유럽, 북아메리카, 중남아메리카 그리고 오세아니아 순입니다. 1950년과 비교해보면 유럽 인구는 반으로 줄었고, 아프리카 인구는 2배 가까이 증가하였습니다. 향후 예측에 따르면 유럽 인구는 지속적으로 줄어들지만, 아프리카 인구는 계속 증가할 것 같습니다.

인구 구성을 보면 선진국이 많은 지역일수록 인구 증가율이 상대적으로 낮고, 개발도상국이 밀집한 지역일수록 인구 증가율이 높습니다. 이는 산업이 발달하고 경제수준이 높아지면 사망률이 줄어들지만 출생율도 낮아지기 때문입니다. 그래서 많은 나라에서 인구 구조가 피라미드형이었다가 산업이 발달할수록 항아리형으로 변하지요. 지금의 개발도상국도 시간이 지나면 항아리형으로 바뀌면서 지구촌의 인구 지형도가 달라질 것입니다.

산업과 인구를 연관해서 생각하면 인구는 노동자, 일자리 문제와 이어집니다. 인구를 일자리로 대체해보면 지구촌 인구 불균형 문제가 새롭게 보일 것입니다. 상대적으로 출생률이 높아서 젊은 층 인구가 증가하는 개발도상국에는 일자리 수에 비해 일할 수 있는 인구가 더 많습니다. 사망률과 출생률이 낮아서 젊은 층 인구가 상대적으로 적은 선진국에는 일자

◆ 오대양 육대주　오대양은 태평양·대서양·인도양·남극해·북극해를 말하고, 육대주는 아시아·아프리카·유럽·오세아니아·남아메리카·북아메리카 등 여섯 대륙을 말한다.

리 수에 비해 일할 수 있는 인구가 적은 경우가 생기기도 합니다.

이렇듯 대륙별 혹은 국가별 인구 불균형은 일자리 불균형 문제로 이어질 수 있습니다. 그래서 개발도상국 국민이 일자리를 찾아서 선진국으로 이주하는 인구 이동 양상이 나타나지요. 대체로 유럽이나 북아메리카 지역이 인구 유입 지역이고, 아시아나 라틴아메리카가 인구 유출 지역입니다.

인구는 식량 자원과도 연관이 됩니다. 인구 증가에 맞춰 식량 증산이 이루어지지 않는 경우도 있습니다. 앞에서 살펴본 맬서스의 예측이 맞아떨어지는 것이지요. 주로 개발도상국에서 경제 성장이 인구 증가를 따라

 잠깐! 더 배워봅시다

왜 세계의 절반은 굶주리는가?[21]

수많은 사람들이 굶주리는 문제에 대하여 2000년부터 유엔인권위원회의 식량특별조사관으로 활동한 스위스 출신 장 지글러가 지구촌의 불평등한 구조를 원인으로 제시했다. 지구 전체로 보면 120억이나 되는 인구가 다 먹고도 남을 만큼 식량이 생산된다. 그런데도 5초에 한 명의 어린이가 굶주림으로 죽어가는 이유는, 기아 문제를 겪는 나라의 인구가 많아서라거나 그들이 게을러서가 아니고, 불합리한 현실 때문이다.

선진국에 기반을 둔 다양한 다국적 기업이 농업을 통해 부를 축적하면서 남반구의 농경지를 싼값에 사들이고 있으며, 농경 회사가 주식 거래에 편입되어 투기의 대상이 되면서 덩달아 식량도 투기 대상이 되어 가격이 널을 뛰게 된다. 또한 옥수수 등 곡물에서 연료를 만들어내고, 국제무역에서 농업 덤핑 정책을 쓰는 등의 다양한 사회구조적 문제가 세계 기아 문제의 근본적 원인이다.

결국 다국적 기업이나 선진국 위주의 세계 경제 질서가 문제인 것이다.

가지 못해 식량 부족 문제가 일어나곤 합니다. 식량 부족은 기아, 빈곤 문제로까지 이어집니다.

그런데 기아는 특정 국가에서만 나타나며 세계 전체가 식량 부족 현상을 겪는 것은 아닙니다. 세계의 절반이 굶주리는 이유는 지구 전체로 보면 식량이 부족해서가 아니라 식량 분포가 불균등하기 때문입니다.

새로운 삶을 찾아 떠나는 사람들

인구와 일자리, 그리고 식량 불균형은 지구촌 수준의 '인구 이동'을 발생시킵니다. 일자리를 찾아 이동하는 지구촌 유목인을 만들어내기도 하고, 식량이 풍부한 곳으로 이동하는 이주민도 생기지요. 특히 세계화 이후에 일자리를 찾아 이동하는 인구가 증가했습니다. 주로 임금이 싼 나라에서 인구 유출이 이루어지고, 임금이 비싼 나라로 유입됩니다.

최근에는 새로운 이주민도 나타납니다. 사람들은 대부분 한 나라의 국적을 가지고 살아가는데 더 이상 자신의 국적으로 살기 어려워지면 망명이나 이민을 선택합니다.

1999년 우리나라에서 씨랜드 청소년수련원으로 캠프를 간 유치원생들이 화재로 사망한 사건이 있었습니다. 안전설비 미비로 인한 안타까운 사고였습니다. 당시 피해자 아동의 부모 중에 국가대표 하키 선수가 있었습니다. 그는 선수로 활동하면서 국가에서 받은 훈장과 연금을 포기하고, 더는 이런 나라에서 살 수 없다며 뉴질랜드로 이민을 갔습니다.

이렇게 스스로 국적을 바꾸는 경우도 있지만, 시리아처럼 내란으로 더 이상 고국에서 살 수 없어 합법적인 국적도 마련하지 못한 채 나라를 떠나는 이들도 있습니다. 이 경우엔 국적을 가져야 누릴 수 있는 국민 혹은 시민의 지위를 상실하여 국적 미아 상태인 난민이 됩니다. 난민들은 대개 집단으로 이동하는데, 이웃 나라나 먼 나라 모두에서 대부분 환영받지 못하는 존재입니다.

환경 난민이라는 것도 있습니다. 환경 난민은 대부분 사막화 지역에서 발생합니다. 이들이 이웃의 초지로 이주하는 과정에서 원래 살던 주민들과 분쟁이 생기기도 합니다.

국가는 원하는 경우에 원하는 사람들만 넘어오라는 국가 이기주의 또는 국익 중심의 선택을 하는 경우가 많습니다. 그래서 난민과 같이 원치 않게 국경을 넘어오는 이주민 문제는 새로운 지구촌 문제가 되고 있습니다.

지금까지 지구촌 여러 국가들이 수많은 전쟁을 겪으면서도 인권의 소중함을 강조하면서 공존 방안을 찾았듯이, 인구 이동 문제에 대한 답도 찾게 될 것으로 기대합니다.

대한민국은 정말 사라질까?

우리나라를 비롯하여 많은 선진국들이 낮은 출산율을 해결하려고 합니다. 우리가 보통 출산율이라고 부르는 것을 정확히 말하면 합계출산율입니다. 이는 여성 1명이 평생 낳을 것으로 예상되는 평균 자녀 수입니다. 출산율은 매년 산정하는데, 그해 가임기에 있는 여성 전체를 대상으로 하여 그들이 낳은 자녀 수의 평균치를 냅니다. 일반적으로 15세부터 49세

사이가 가임기입니다.

한 사회의 인구를 유지하기 위한 합계출산율은 2.1명 정도로 봅니다. 합계출산율이 지속적으로 2.1명보다 많으면 인구가 증가하고, 2.1명보다 적은 상태가 지속되면 인구가 감소합니다. 2010년 이후 대한민국의 합계출산율은 1.1~1.3명 정도에서 박스권을 이루고 있습니다.

우리나라에서 합계출산율이 2.1명 이하로 내려간 시기는 1980년대입니다. 이후 지속적으로 합계출산율이 감소했는데 인구는 여전히 증가하고 있습니다. 이는 사망률이 낮아진 덕분입니다. 그런데 통계청의 인구 예측[22]에 따르면 2031년에 5,296만 명에 이르렀다가 인구가 지속적으로 감소할 것이라고 합니다.

삼성경제연구소는 2010년에 저출산과 관련한 한 논의[23]에서 한국의 합계출산율은 OECD 선진국과 비교하여 65% 수준으로 낮고, 이로 인해 2100년에는 인구가 절반으로 줄며, 2500년에 33만 명으로 줄어든다고 보았습니다. 인구 감소로 인해 지구에서 최초로 사라지는 국가가 대한민국이 될 가능성이 높다는 다른 주장들과 비슷한 예측입니다.

출산율이 지속적으로 낮으면 생산가능인구(15~64세) 비율이 감소합니다. 생산가능인구는 그 사회의 생산을 주로 담당하기에, 이들의 비중이 유소년 인구(0~14세)나 노인 인구(65세 이상)보다 낮으면 잠재성장률이나 사회 부양에 대한 부담률이 높아지지요. 결국 경제 성장이나 복지 지원이 어려워집니다.

다른 선진국들도 같은 문제를 안고 있고, 이를 해결하기 위한 방안을 강구하고 있습니다. 출산율을 높이는 건 쉽지 않습니다. 출산은 사적인 영역에 해당되는 것이기에 강제하기가 어렵고 사회제도적인 지원을 아무리 해도 결과가 잘 나타나지 않기 때문입니다.

일부 유럽 국가들 중에 출산율을 높이는 데 성공한 나라는 양성 평등 정책을 통해 출산과 양육을 여성의 몫으로만 두지 않고, 여성의 경력 단절이 생기는 걸 막았습니다. 그렇다고 해서 출산율이 아주 높아진 것은 아닙니다. 여전히 합계출산율이 2.0 이하인 경우가 대부분입니다.

그러다 보니 장기적으로 이민 정책 등을 펼치는 경우도 많습니다. 그러나 이민 정책은 노동에 필요한 이주민을 받아들이는 경우여서 이로 인해 생기는 문제, 즉 앞에서도 논의한 문화적 충돌이나 갈등이 일어날 상황에 대한 대처까지 같이 고려해야 합니다.

미래 세대를 위한 '정의'는 무엇일까?

출산율 감소로 인해 나타나는 인구 문제는 노동력 부족이나 경제 성장을 위협하는 데 그치지 않고 새로운 문제를 파생시킵니다. 대표적인 것이 세대 간 갈등입니다.

일반적으로 생산가능인구 대비 유소년 인구와 노인 인구의 합을 인구 부양비(생산가능인구 대비 유소년 인구는 유소년 부양비, 생산가능인구 대비 노인 인구는 노년 부양비)라고 부릅니다. 생산가능인구를 분모로, 유소년 인구와 노인 인구의 합을 분자로 놓아서 산출한 값이니, 값이 클수록 부양비가 많아지는 것입니다. 출산율과 사망률이 줄어드는 사회에서는 당연히 인구 부양비가 증가합니다.

인구 부양비가 증가한다는 것은 일을 해서 세금을 내는 사람들이 늘어

노인 인구를 규정하는 연령, 65세가 알맞을까?

인구를 연령별로 구분할 때 노인 인구는 65세부터 시작된다. '65세부터'를 노인 인구로 규정한 것은 언제부터일까? 이는 19세기 말 독일에서 노령연금 제도를 도입하면서 연금 대상자를 65세부터로 잡은 것에서 시작된다고 한다. 이를 유럽연합에서 공식화하면서 대부분의 나라들이 따르고 있는 실정이다.

그 당시에는 평균 수명이 지금과 비교하여 현격하게 낮다 보니 노인연금을 받는 사람들이 많지 않아서 이 규정이 문제되지 않았다. 그러나 지금처럼 평균 기대 수명이 80세 가까이 되는 사회에서는 노인 인구 연령을 다시 규정해야 하는 것이 아닌지 논란이 있다.

연령을 상향 조정해야 한다는 의견으로는 첫째, 의료보건 기술의 발달로 기대 수명이 증가하였다. 둘째, 노인 인구 연령은 연금 지급과 관련하여 설정되었는데, 일하는 노인이 증가하고 있다는 점에서 연령 상향 조정이 가능하다. 우리나라의 경우 65세 이상 인구 중 일을 하는 비율은 14%이며, 앞으로 더 증가할 것이다. 셋째, 저출산으로 인해 65세 미만 인구의 사회적 부양 부담이 지속적으로 증가한다. 넷째, 독일이나 일본 등 선진국에서도 고령사회를 대비하여 노인연금 지급 개시 연령이나 퇴직 연령을 67세나 70세로 조정하고 있다.

이에 반대하여 현행을 유지해야 한다는 의견은 다음과 같다. 첫째, 현실적으로 우리 사회는 50세에 은퇴하는 경우가 많아서 노인 연령을 올리면 사회적 지원의 공백이 심해진다. 둘째, 노인들의 일자리 대부분은 은퇴 이후 생활비 부족을 메꾸기 위한 것이기에 일자리 조건이 매우 나쁘다. 노인 연령을 높이면 일을 하려는 노인들이 증가해 일자리 조건이 더 나빠질 것이다. 셋째, 우리나라 노인들의 빈곤율은 OECD 평균 대비 높은 편인데, 노인 연령을 상향화하면 그 비율도 더 높아져서 사회적으로 문제가 된다.

나는 것보다 세금으로 복지 지원을 받는 사람이 더 많이 늘어난다는 뜻입니다. 이렇게 되면 생산가능인구인 청장년층의 부담이 커지지요. 이 때문에 보이지 않게 청장년층과 노인층이 대립할 가능성이 큽니다. 사회에 막 진출하여 일하면서 연금 비용을 내야 하는 청년층과 은퇴하여 연금을 받으려고 하는 노인층이 대립할 수 있지요.

그래서 선진국들은 은퇴 연령 제한을 풀기도 하고 일하기를 희망하는 노인에게 취업을 지원하는 정책도 내놓았습니다. 노인이 주거하는 집의 빈방에 청년층이 입주하여 살도록 주거 비용을 지원하는 등 노인층과 청년층 모두에 도움이 되는 정책을 세우기도 합니다.

또한 노인 세대의 복지가 다음 세대인 청장년층의 삶에 심각한 부담을 주지 않는 적정 수준이 어느 정도인지 찾으려고 노력합니다. 연금을 받는 세대와 연금 자원을 내는 다음 세대의 삶을 모두 고려해야 '미래 세대를 위한 정의'라는 측면에서 지속 가능한 복지 정책일 테니까요.

이러한 노력은 현재를 만들어내는 데 공헌한 과거 세대를 존중하고, 미래를 살아갈 다음 세대를 보호하기 위한 정의로운 전략이라고 할 수 있습니다. 수명이 늘어나면서 세대 격차 문제는 더 커질 것이기에 세대 간 이해와 배려는 그 어느 때보다 중요해졌습니다.

토론 활동 저출산 문제 토론하기

1. 먼저 출산이 개인적인 선택이라고 보는 자료를 찾는다.

2. 출산은 인구 문제에 영향을 미치므로 제도적으로 접근해야 한다는 내용의 자료를 찾는다.

3. 두 주장에 대하여 친구들과 팀을 나누어 찬반토론을 한다.

4. 토론 과정에서 나온 의견을 정리하고, 나의 의견을 종합적으로 제시한다.

제안 활동 출산율을 높이는 정책 제안하기

1. 출산율을 높이는 데 성공한 국가의 정책을 찾아서 정리한다.

2. 해당 국가의 정책들을 종합적으로 고려하여 출산율을 높이는 정책을 제안한다.

3. 제안한 정책 중에서 우리나라가 우선적으로 실행해야 할 정책을 정하고, 그 이유를 제시한다.

평가 활동 생산가능인구 확보를 위한 이민 정책 평가하기

1. 독일, 미국, 캐나다, 뉴질랜드 등 선진국의 생산가능인구 확보를 위한 이민 정책을 찾아보고, 이로 인한 장점과 단점을 파악한다.

2. 한국에 이민 정책을 도입하면 생길 장점과 단점을 파악한다.

3. 한국의 생산가능인구 확보를 위한 이민 정책에 대해 나의 의견을 제시한다.

조사 활동 세대 간 갈등을 줄이는 정책 조사하기

1. 세대 간 갈등을 줄이기 위한 선진국의 정책이나 프로그램을 하나 찾는다.

2. 그 프로그램의 목적, 구체적인 내용, 효과 등을 조사한다.

3. 이를 한국에 도입할 때 유의할 점 등을 고려하고 평가한다.

2 상처 입은 지구환경에 지속 가능한 미래는 있는가?

💬 환경 변화, 지구온난화, 화학 에너지, 자원 갈등, 온실가스 효과, 지속 가능한 발전, 기후변화협약

특이한 곳으로만 여행을 가는 사람이 있습니다. 몰디브, 투발루, 키리바시, 나우루 같은 곳들 말이지요. 몰디브라는 이름을 보고 대충 섬나라 여행을 다니는 사람이구나 하고 생각할 수도 있습니다. 그런데 이 네 나라에는 공통점이 있습니다. 얼마 안 되어 지구상에서 사라질 섬이라는 것입니다. 왜 사라진다는 것일까요?

투발루의 상황부터 살펴보겠습니다. 투발루는 9개의 섬으로 이루어진 나라인데, 해발고도가 2미터가 조금 넘기 때문에 실제로 사람들이 사는 곳은 매우 제한적입니다. 인구는 1만 명 정도입니다. 투발루가 사라지게 되는 이유는 지구온난화로 인해 북극과 남극의 얼음이 녹으면서 해수면이 상승하여 땅이 물에 잠기기 때문입니다. 외부 환경 변화로 인해 나라가 사라지는 셈입니다. 그래서 투발루 국민의 이동 문제가 논의 중이고,

현재 뉴질랜드에서 이들을 받아들이겠다는 입장을 밝힌 상황입니다.

투발루 근처에 있는 나우루도 상황은 비슷한데 투발루와 다른 점이 하나 있습니다. 몇 년 전에 인광석이라는 희귀 자원을 발견한 후, 대부분의 국민들이 이 자원으로만 먹고살 뿐 아무 일도 하지 않고 지냈습니다. 그러다 인광석이 고갈되자 국민들의 소득이 없어지고, 빈곤 국가가 되어버렸습니다.

게다가 인광석을 채굴하면서 자연환경은 완전히 망가졌고, 땅을 파내다 보니 땅의 높이가 낮아져서 해수면이 상승하자 바다에 잠길 위험이 다른 곳보다 커졌습니다.

이들 섬으로 가는 여행은 즐기기 위한 것이 아니라 지구의 아픔을 기록하는 여행인 셈입니다. 그리고 지구인들이 얼마나 자신의 생명에 위협이 되는 행동을 하면서 살아가는지, 깊이 있는 울림을 발견하기 위한 여행이기도 하죠. 그들의 삶이 나와 동떨어져 있는 것이 아니라, 그들이 바로 나라는 사실을 알기 위한 여행이기도 합니다.

인간이 만들어낸 참사, 지구온난화

해수면이 상승하는 이유는 지구온난화 때문입니다. 지구온난화는 지표면에 도달한 태양의 복사 에너지가 다시 나가야 하는데 대기권의 가스층이 두꺼워져서 빠져나가지 못해 나타나는 현상입니다.

대기권의 가스층이 두꺼워진 이유는 무엇일까요? 산업혁명 이후 화석에너지인 석탄과 석유를 사용하다 보니 이산화탄소, 메탄가스 배출이 증

아이슬란드에서 사막화가 진행되는 모습. 사막화는 세계 곳곳에서 심각한 문제가 되고 있다.

가한 결과입니다. 두꺼워진 가스층이 온실 같은 역할을 했다고 하여 '온실가스 효과'라고도 합니다. 이렇듯 지구환경 변화는 대부분 선진국이 경제 성장 과정에서 만들어낸 결과라고 볼 수 있습니다.

지구온난화로 인해 남극과 북극의 얼음이 녹을 정도로 지구의 온도가 올라가는 것이 큰 문제입니다. 지표면 온도가 얼마나 상승하기에 그 두꺼운 극지방의 얼음이 녹을까요? 현재 지구 표면의 평균 온도는 150여 년 전에 비해 섭씨 1도 정도 상승하여 섭씨 15도 정도입니다.

그런데 2008년(1월 22일)에 《내셔널지오그래픽》지가 발표한 자료[24]에 따르면 지금보다 지표 온도가 섭씨 1도만 더 올라도 투발루를 비롯한 태평양의 섬들이 바닷속에 잠기고, 킬리만자로의 만년설이 다 녹는다고 합니다. 그리고 지표면이 섭씨 2도 올라가면 생태계의 생물종 중 3분의 1이 사라진다고 합니다.

150년 전과 비교하여 섭씨 1도 올라간 지금도 위기 상황입니다. 가뭄이나 홍수, 태풍 등 자연재해는 과거보다 훨씬 더 강해지고 있습니다. 기후변화로 인해 가뭄이 지속되자 사막이 아니었던 지역이 사막으로 변하기도 합니다. 이런 경우를 사막화라고 합니다. 사막은 강수량보다 증발량이 많아서 식물이 자라지 못하고 사람이 생존하기 어려운 지역이지요.

경작을 위해 숲을 없애고 농경지를 만든 것도 사막화에 영향을 줍니다. 숲에는 저수지와 비슷하게 담수 기능이 있어서 비가 왔을 때 보통 땅에 비해 약 30배 정도 물을 저장합니다. 그런데 농사나 목축을 하느라 숲을 없앴기 때문에, 숲이 머금고 있다가 강으로 내보내는 물의 양이 줄어들었고, 이로 인해 사막화가 확대된 것입니다.

하나뿐인 지구를 위해 지속 가능한 발전을 논의하다

그렇다고 우리가 지구온난화 문제를 손 놓고 보기만 하는 것은 아닙니다. 지구온난화가 지구 전체의 문제라는 인식을 가지고 다양한 해결책을 내놓고 있습니다.

먼저 산업화와 도시화가 환경문제와 관련이 있음을 인식하고, '지속 가능한 발전'이라는 개념을 중요하게 다룹니다.

지속 가능한 발전(Sustainable Development, SD)은 1972년 스톡홀름에서 '하나뿐인 지구'라는 슬로건 아래 개최한 유엔인간환경회의에서 채택한 〈유엔인간환경선언〉에 나오는 표현입니다. 이는 산업화와 도시화로 인해 발생한 환경문제를 논의하면서 현 세대와 함께 미래 세대의 삶까지 고려하자는 데서 시작되었습니다. 그리고 1987년 '환경과 개발에 관한 세계위원회'에서 보고한 「우리 공동의 미래」(브룬트란트 보고서)에서는 지속 가능한 발전을 "미래 세대의 욕구를 충족시킬 수 있는 능력을 저해하지 않으면서 현 세대의 욕구를 충족시키는 발전"으로 정의합니다.[25]

이후 여러 국제회의와 연구를 거치면서 '환경보호만이 아니라 경제 발전과 사회 발전의 상호의존성을 종합적으로 고려하는 발전'이라는 개념으로 정리되었습니다. 이는 개별 국가의 노력만으로는 어렵기에, 주된 방향 설정은 유엔이 합니다.

2000년에 2016년까지 지속 가능한 발전을 위한 구체적인 방향성에 대해 유엔은 '새천년개발목표(Millennium Development Goals, MDGs)'를 설정하였습니다. 이는 '초등교육을 달성하고, 성 평등을 촉진하고 여권을 신장하며, 임산부의 건강을 지원하고, 빈곤과 기아를 퇴치하며, 유아사망률을 낮추고, 질병을 퇴치하고, 지속 가능한 환경 보전 방안을 마련하는 것과 이를 위해 세계 여러 나라가 협력할 것'을 강조합니다.

그리고 2015년에는 '지구촌에서의 지속가능발전목표(Sustainable Development Goals, SDGs)'로 17가지를 제시했습니다. 빈곤 종식, 기아 종식, 보건 및 웰빙 증진, 질 높은 교육 보장, 성 평등 달성 및 여성 역량 강화, 물과 위생시설 접근성 향상, 에너지 접근 강화, 경제 성장 촉진 및 일

지구촌의 화석 에너지, 인간에게 어떤 의미인가?

화석 에너지는 오랜 세월 땅 속에서 형성된 석탄, 석유, 천연가스 등을 연료로 사용하는 에너지를 말한다. 화석 에너지는 인류의 눈부신 성장을 이끌어내는 데 혁혁한 공을 세웠지만 세 가지 측면에서 문제가 있다.

첫째, 매장량이 일정하여 고갈된다는 것이다. 석탄이나 석유 모두 현재의 속도로 생산해내면 고갈되는 때가 오게 된다. 최근 들어 화석연료를 캐내는 기술이 발전하고 매장량도 추가로 발견되면서 캐낼 수 있는 양이 증가하고 있지만, 대략적으로 석유와 천연가스는 40~60년, 석탄은 200년 조금 넘게 지나면 고갈될 것으로 전망한다.

둘째, 온실가스 등을 만들어서 환경오염을 일으킨다는 것이다. 석탄을 비롯한 화석연료가 대부분 이산화탄소와 메탄가스를 발생시켜 환경오염의 원인이 된다.

셋째, 지구촌의 자원 갈등을 만드는 원인으로 작동한다. 최근에는 나라 간 갈등 대부분에 자원이 관련되어 있다. 이런 점에서 석유, 석탄 등의 화석 에너지는 그 자체로 지구촌 갈등의 씨앗이 되고 있다.

이에 따라 최근 신·재생 에너지에 대한 관심이 높아지고 있다. 이는 신 에너지와 재생 에너지를 합한 것으로, 신 에너지는 화석연료를 변환하여 만든 연료전지, 석탄액화, 석탄가스화, 수소 에너지를 말한다. 그리고 재생 에너지는 태양열, 태양광 발전, 바이오매스, 풍력, 수력, 지열, 해양 에너지, 폐기물 에너지 등과 같이 재생이 가능한 것을 말한다.

신·재생 에너지는 위에서 제기한 자연 고갈의 문제나 환경오염 문제 등을 일정 부분 해결한다는 장점이 있다. 그러나 이를 개발하기 위한 초기 투자 비용이 너무 많이 든다는 점 또한 고려해봐야 한다.

자리 증진, 산업화와 혁신 및 인프라 시설 구축, 국가 내 혹은 국가 간 불평등 완화, 지속 가능 도시와 거주지 조성, 지속 가능한 소비와 생산 양식 확립, 기후변화 대응, 해양자원 보존, 육상 생태계 보호, 평화와 정의를 위한 제도, 국제 협력 파트너십이 그것입니다.

SDGs의 목표는 개발도상국이 실천할 부분도 있지만, 선진국에서 실천해야 할 목표가 주가 됩니다. 또한 경제 성장 외에 사회적인 측면의 발전, 그리고 기후변화 예방과 대비라는 목표를 강조합니다.

지구환경을 지키기 위한 세계의 약속

지구촌 차원에서 목표를 세운다 해도 개별 국가들이 잘 지키지 않으면 아무 소용이 없지요. 지구 전체 산소량의 4분의 1을 만든다는 브라질의 아마존 밀림만 봐도 그렇습니다. 브라질은 경제 발전을 위해 목축업을 확대하려고 아마존 밀림의 나무를 잘라내고 목축지로 만드는 작업을 계획하고 있습니다. 이 계획이 실현되면 사막화 등 여러 가지 환경문제가 발생할 것입니다. 경제가 어려운 브라질의 선택과 지속 가능한 발전을 강조하는 지구촌의 선택은 다를 수밖에 없습니다.

이처럼 유엔이 지속 가능한 발전을 목표로 제시한다고 해서 개별 국가에게 이를 강제할 수 없습니다. 그래서 더 강력한 제재가 필요합니다. 국가 간 협약이나 조약이 그것이지요. 협약이나 조약을 체결한 국가가 국내에서 의회의 비준을 얻으면, 국내법과 동일하게 적용되기에 법적인 강제성을 가집니다. 지속 가능한 지구를 위한 협약에는 기후변화협약, 사막화

잠깐! 더 배워봅시다

온실가스 배출권 거래제

교토의정서에 따라 나라별로 온실가스 감축량이 정해졌다. 이에 따라 자국 기업에 온실가스 감축량을 할당하였다. 그런데 기업에서 감축량에 부족분이나 여분이 생기면 이를 거래하여 온실가스 감축량을 조정할 수 있게 했다. 쉽게 말해서 한 기업이 할당받은 감축량에 비해 온실가스를 적게 배출했으면 나머지 양에 대한 배출권을 팔고, 정해진 것보다 많이 배출했으면 추가 배출한 만큼 배출권을 사는 것이다.

여기에 나무 심기 같은 사업을 활용하도 한다. 나무 심기를 통해 가스 배출 수치를 조정할 수 있고, 나무를 심은 만큼 탄소 배출권을 확보하여 판매하는 것도 가능하다. 이에 우리나라 제지 관련 기업들은 뉴질랜드, 인도네시아 등에서 나무 심기 사업을 하기도 한다.

방지협약, 생물종다양성협약 등이 있습니다.

기후변화협약과 그에 따른 강제 조치, 실천 노력들은 구체적으로 어떤 내용일까요? 기후변화협약은 1992년 192개 국이 참여하여 체결한 것으로, 온실가스 감축을 위해 국제사회가 노력하겠다는 약속입니다. 이를 구체화하고자 1997년 일본 교토에서 교토의정서를 채택했습니다. 핵심 내용은 OECD 회원국, 즉 선진국들이 2008년부터 2012년 사이에 온실가스 배출량을 1990년 대비 5% 이상 감축하는 것입니다. 미국은 7%, 일본은 6%, 유럽연합은 8%를 부여받았습니다.

그런데 최근 온실가스 배출량 상위 국가인 인도와 중국은 개발도상국이어서 협약 대상에서 빠졌습니다. 선진국의 온실가스 배출을 더 많이 제한하는 이유는, 지금까지 산업화 등 발전 과정에서 선진국이 배출한 온실가스가 지구온난화에 영향을 끼쳤다고 보았기 때문입니다. 더 큰 책임을 묻는 것이지요. 그런데 미국은 이에 불만을 품어 자국 내에서 의회 비준을 받지 못했고, 캐나다는 아예 협정에서 탈퇴하였습니다. 러시아나 일본도 불만을 토해내면서 교토의정서는 제 역할을 못하게 되었습니다.

그러자 2015년에 파리에서 기후변화협약의 모든 회원국이 참여하여 파리기후협정을 체결했습니다. 핵심 내용은 산업화 이전과 비교하여 지구 평균 온도를 섭씨 1.5도 이상 올라가지 않게 한다는 것입니다. 현재 이미 섭씨 1도 정도 올라가 있으니 얼마나 많은 노력이 필요한지 알 수 있을 것입니다. 이를 위해서는 선진국과 개발도상국이 모두 노력해야 하지만, 온실가스를 전부터 오래 배출해온 선진국이 더 많은 책임을 진다는 점도 이번엔 분명하게 명시했습니다. 더불어 선진국이 개발도상국에 기후변화 대처 사업을 지원하기 위한 분담금도 내기로 했습니다.

이 협정은 2020년부터 본격적으로 시행될 예정입니다. 미국은 교토의정서 때처럼 이를 이행하지 않으려는 움직임을 보이고 있습니다. 그래서 세계의 리더 국가로서 품격을 발휘하지 않는다는 비판을 받고 있지요.

우리나라도 에너지 정책, 환경 정책, 기업의 생산 활동 등 다양한 분야에서 온실가스 감축을 위한 실제적인 노력을 해야 합니다. 정부나 기업만이 아니라 우리의 일상도 변화될 가능성이 큽니다. 지금의 편리함만을 욕심내서는 안 되지요. 미래 세대의 적정한 삶을 위한 노력이 앞으로도 오랫동안 지구인으로서의 삶을 가능하게 할 테니까요.

홍보 활동 **투발루의 현실 알리기**

1. 투발루의 지형적 조건 등을 파악한다.

2. 지구온난화로 인한 투발루의 비극적인 미래를 알리는 자료를 찾아 정리한다.

3. 해수면 상승 이외에 지구온난화가 사람들에게 미칠 영향에 관한 자료를 정리한다.

4. '투발루 구하기, 지구의 미래 구하기'라는 주제로 팸플릿을 만든다.

조사 활동 **지속 가능한 지구인의 삶을 위한 협약 살펴보기**

1. 사막화방지협약, 생물다양성협약, 람사르협약 중에서 하나를 선택한다.

2. 해당 협약이 만들어진 과정과 가입국을 파악한다.

3. 주요 내용과 실천 노력을 조사한다.

4. 해당 협약을 알리는 자료를 만든다.

실천 활동 **지속 가능한 지구인의 미래를 위한 나의 실천 방안 제시하기**

1. 가정, 학교, 소비 생활에서 지속 가능한 미래를 위해 내가 할 일을 찾아본다.

2. 10가지 항목을 만들고 실천표를 만든다.

3. 한 달간 나의 실천 정도를 정리하고 평가한다.

3 인공지능과 제4차 산업혁명, 인간의 미래는 어디로?

!️ 사회변동, 제4차 산업혁명, 인공지능, 사물인터넷, 초연결 사회

1985년 미국에서 〈백 투 더 퓨처〉라는 영화가 개봉했습니다. 주인공이 타임머신을 타고 시간여행을 하며 생기는 이야기를 다룬 영화였지요. 흥행에 성공하여 후속편도 만들어졌습니다. 1990년에 개봉한 〈백 투 더 퓨처 2〉는 25년 후인 2015년, 즉 우리에게는 과거가 된 시대로 시간여행을 떠납니다.

영화에는 다양한 첨단기술이 등장합니다. 하늘을 나는 자동차, 쓰레기로 바로 만드는 연료, 초 단위로 제공하는 일기예보, 몸에 맞춰 자동으로 사이즈가 조정되는 옷과 신발, 입체 영화, 인공지능 종업원이 있는 무인 식당, 지상에서 살짝 뜬 채로 움직이는 스케이트보드, 다채널 음성 인식 평면 TV, 영상 통화, 전자 안경 등이 그것입니다.

이 중에서 2015년에 실제로 이루어진 것은 몇 개나 될까요? 학자들은

비행 자동차, 초 단위로 예측하는 일기예보, 몸에 맞춰 자동으로 사이즈가 조정되는 옷을 빼고는 대개 개발이 진행 중이거나 기술이 완성되었다고 봅니다.[26] 전자 안경은 구글 글라스와 유사하지요.

이 영화뿐 아니라 수많은 소설과 영화가 미래를 그려냅니다. 단순히 과학기술의 변화만이 아니라 정치나 인간의 일상과 관련한 예측도 많습니다. 1932년 출간한 올더스 헉슬리의 『멋진 신세계』라는 소설에서는 과학이 출산, 노동, 건강, 그리고 자유까지도 관리하는 미래 세계가 등장합니다. 맞춤형 인간으로 태어나서 가족의 정은 애초부터 없고, 태어날 때부터 정해진 계급, 정해진 노동 시간 이외에 소소한 자극을 주는 계획된 오락만 즐기며, 소마라는 만병통치약으로 모든 고통을 잊고 사는 세상. 미래를 통제받는 삶의 모습으로 어둡게 그렸지요.

2016년부터 본격적으로 제4차 산업혁명에 관한 이야기들이 쏟아져 나오면서 그로 인해 달라질 미래를 이야기하는 사람들이 많습니다. 우리가 나이 들어 바라볼 세상, 혹은 그 이후 지구의 미래는 어떨까요? 밝은 미래일까요? 어두운 미래일까요?

제4차 산업혁명이란

인류의 역사에서 정치, 경제, 과학기술 등 한 분야를 뛰어넘어 큰 변화가 일어나서 총체적으로 사회 변화가 일어나는 것을 사회변동이라고 합니다. 사회변동의 큰 줄기로 농업혁명, 산업혁명, 그리고 지식정보사회로의 변화를 꼽습니다. 그런데 지식정보사회는 산업혁명의 연장인지, 새로운 혁명인지에 대하여 많은 논란이 있었죠. 새로운 혁명적 사회변동이라고 보는 사람들은 이를 정보혁명이라고 하고, 아니라고 하는 사람들은 산업혁명의 연장으로 보았습니다.

제4차 산업혁명이라는 표현은 2016년 다보스포럼, 즉 세계경제포럼에서 공식적으로 언급되면서 미래 사회변동의 방향성이 되었다고 해도 무방할 것입니다. 이 제4차 산업혁명을 이해하기 위해서는, 제1차부터 제3차까지의 변화를 파악할 필요가 있습니다.

산업혁명에서는 농업 중심 산업에서 공업화로의 변화가 핵심이라는 것은 아시겠지요. 제1차 산업혁명은 말 그대로 산업혁명이 시작된 초기를 말하는데, 이는 증기기관의 발명과 연관이 있습니다. 증기기관이 석탄을 캐는 광산에, 상품을 생산하는 공장에 도입되면서 기계화가 이루어지고, 공업화의 기반을 만들어낸 것입니다.

제2차 산업혁명은 전기 에너지 도입으로 인한 산업의 변화를 말합니다. 전기를 이용할 수 있게 되자 컨베이어 벨트를 이용한 생산 공정을 통해 대량생산이 가능해졌고, 이로 인해 본격적인 공업화가 이루어졌습니다. 그리고 대량생산은 대량소비로 이어져서 인간의 전반적인 삶을 바꾸었지요.

제3차 산업혁명은 컴퓨터와 인터넷에 기반한 지식정보 중심 사회로의 변화입니다. 그러므로 제3차 산업혁명의 변화 동력은 컴퓨터와 인터넷이죠. 컴퓨터와 인터넷을 기반으로 한 정보통신 기술을 활용하여 공장의 자동 생산 시스템을 자동 제어하는 것이 바로 제3차 산업혁명의 핵심입니다.

바로 뒤를 잇는 것이 제4차 산업혁명입니다. 인공지능, 사물인터넷이나 빅데이터 같은 지능정보 기술이 산업의 동력이 되는 것입니다.

제3차 산업혁명과 제4차 산업혁명의 궁극적인 차이가 뭐냐고요? 제3차 산업혁명은 컴퓨터와 인터넷을 통해 이미 입력된 정보를 바탕으로 자동화 시스템을 갖추어 생산하는 것입니다. 그런데 제4차 산업혁명은 인공지능, 사물인터넷, 빅데이터, 모바일같이 최첨단 지능정보 기술이 기존 산업의 생산 과정에 결합되는 것입니다.[27] 단순한 정보통신 기술이 아니라 그 것들이 연결되고 융합되어 생산에서 지능적인 제어가 가능해지는 것이지요. 또한 인공지능 기술과 로봇 기술, 생명과학 분야가 산업의 중요 분야가 될 가능성이 크다고 합니다.

사회변동이란 어떤 변화 동력에 의해 사회 전반에서 변화가 일어나는 것이라고 했던 말 기억하나요. 제4차 산업혁명의 핵심 동력은 최첨단 통

잠깐! 더 배워봅시다

인공고기를 먹는 날이 올까?[28]

앞에서 환경 변화를 이야기하면서 사막화에 영향을 미치는 것 중 하나가 목축업이라고 설명했다. 목축을 하지 않고 초지를 지키려면 고기나 우유를 포기하는 것이 가장 간단한 해결책일 것이다. 그러나 이 외에 새로운 해결책을 찾으려는 노력도 있다. 실험실에서 인공적으로 배양한 고기와 우유를 개발하는 작업에 착수한 것이다.

우유는 젖소의 DNA를 효모세포에서 배양한 후 식물성 유분을 넣어서 합성우유를 만든다고 한다. 소고기는 소 근육의 줄기세포를 배양하여 만든다. 이 두 상품의 특징은 초지에 소를 키우지 않고도 원하는 먹거리를 얻을 수 있다는 것이다. 합성우유와 인공고기를 곧 상품화할 것이라는 기업들이 있다. 어쩌면 지구 환경을 살리기 위해 인공우유와 인공고기를 먹어야 하는 날이 올지 모른다.

나라면 지구를 위해 한우 대신 인공고기를 선택할까?

신기술이며, 이로 인해 생산 현장만이 아니라 사회 전반에 다양한 변화가 일어날 것으로 보입니다. 예측의 내용은 학자마다 다양하고, 이것을 긍정적인 유토피아로 보는 사람들이 있는가 하면, 부정적인 디스토피아로 보는 사람들도 있습니다.

사물인터넷, 빅데이터, 그리고 인공지능으로 바뀔 미래

제4차 산업혁명으로 인한 변화에서 강조되는 것이 바로 '초지능 사회' '초연결 사회'입니다. 요즘 냉장고 광고를 보면 1, 2년 전과 내용이 사뭇 달라졌음을 알 수 있습니다. 옛날에는 냉장과 냉동 기능, 크기 같은 것을 강조했지만 요즘은 냉장고가 요리 정보를 주고, 가족의 식성을 고려하여 요리를 제안하고, 사람과 소통하기도 합니다.

단순한 가전제품이 아닌 것입니다. 자동차도 마찬가지입니다. 이동수단을 넘어 인공지능으로 작동하는 최첨단 전자제품이 되고 있습니다.

이것은 사물인터넷, 빅데이터, 인공지능 등 첨단기술 덕분입니다. 사물인터넷은 생활 속에서 사용하는 기기와 인간, 기기와 기기가 서로 유무선 네트워크로 연결되어 정보를 공유하는 환경을 말합니다. 네트워크로 연결된 인터넷 기반 환경에서 디지털 정보를 모으면 어마어마한 정보를 형성할 수 있는데 이것이 빅데이터입니다. 인공지능은 인간의 인지, 학습, 추론 같은 사고 과정을 컴퓨터 프로그램으로 실현하는 것을 말합니다.

인터넷 네트워크를 기반으로 사물인터넷, 빅데이터, 인공지능 등이 결합되면서 만들어낸 제4차 산업의 결과물은 상상 이상의 모습으로 우리의 삶 속에 들어올 가능성이 큽니다. 운전자 없이 움직이는 자동차, 능숙한 비서처럼 인간의 요구를 파악하고 처리하는 생활 지원 로봇 등등……. 모든 것이 서로 알아서 연결되는 초지능, 초연결 사회의 모습입니다.

초연결 사회(hyper-connected society)는 사물인터넷을 기반으로 사람과 사람, 기기와 기기, 기기와 사람 간에 네트워크로 연결되어 움직이는 사회를 말합니다. 광고에 나오는 것처럼 집에 사람이 없더라도 로봇이 알아서 개에게 밥을 주고 놀아줄 수 있고, 사람이 없는 동안에도 집을 적정 온도로 유지하는 등 일상적 홈 케어가 가능해질 것입니다. 지금처럼 학교에 모여 공부하지 않고, 가상의 학습 공간에 모여 공부할 수도 있고요.

초연결 사회에서는 선거나 투표, 그리고 정치적 의사결정도 네트워크를 통해 논의할 수 있게 된다고 봅니다. 온라인상에서 완전한 직접 민주주의가 가능해지는 것입니다.

물건을 구매할 때도 인터넷에서 맞춤형으로 구매하면 3D 프린터 등을 통해 원하는 곳에서 직접 받는 등 생산과 소비, 화폐 사용 방식도 현재와 완전히 달라질 가능성이 있습니다.

이렇게 되면 사람들의 직업과 여가 등 일상 전체가 변하게 됩니다. 과학 기술의 발달로 인간이 사용할 공간도 바뀔 것입니다. 이동수단이 변하고 더 나아가 삶의 공간이 우주가 될 가능성도 있습니다. 유전자 등 첨단과학 분야에서도 지금과는 완전히 다른 일들이 일어날 수 있겠지요.

'혁명'이라고 이름 붙이는 것은 인간 삶을 근원적으로 변화시키기 때문입니다. 어떤 사람은 변화를 긍정적으로 예상하고, 어떤 사람은 부정적으로 예상합니다. 예상은 빗나가기도 하고 맞기도 하지요.

예를 들어 산업혁명 초기에 기계화 생산 방식 도입으로 노동의 대가를

이세돌 9단과 알파고의 세기의 바둑 대결 중 제5국 현장. 인공지능을 비롯한 제4차 산업혁명의 영향으로 인간의 생활방식은 상상 이상의 큰 변화를 맞이하게 될 것이다.

제대로 받지 못할 것으로 보고 기계를 파괴하자는 러다이트 운동이 일어났지요. 그런데 기계화가 진행되면서 분명 노동이 소외되기도 했지만, 일부분 노동의 강도를 덜어주고 새로운 일자리를 많이 만들어낸 측면도 있습니다.

중요한 것은 새로운 과학기술이 가져올 혁명적 변화를 제대로 파악하는 것입니다. 그런 다음에 그로 인한 문제점이나 단점을 파악하고 해결 방안을 모색하여 적합한 제도를 만들어내야 합니다.

혹시 '알파고'를 기억하시나요? 2016년 3월 서울 한 호텔에 세계의 이목이 집중되었습니다. 이세돌 9단과 알파고의 바둑 대결이 있었기 때문입니다. 바둑을 잘 모르는 사람들도 바둑이 매우 복잡하고 지적인 게임이기에 당연히 인간이 인공지능 컴퓨터를 이길 것이라고 보았습니다.

이세돌 9단이 내리 3판을 지고 나서 인간이 인공지능에게 지는 것에 대해 인류가 공포감을 갖는 모습을 우려했는지 그 스스로 이는 "인류 전체가 아닌 개인 이세돌의 실패"라고 말했습니다. 최종 결과는 1 대 4, 알파고의 승리였습니다. '초지능'인 인공지능이 인간을 이긴 것입니다.

알파고와 이세돌 9단의 마지막 대결에서 저는 주변 사람들과 이런 농담을 했습니다. 어느 날 감정을 인식하여 자아정체감을 갖춘 인공지능 로봇이 나온다면, 자신들에게 가장 역사적 유적으로 이세돌 9단과 알파고가 게임을 벌인 서울의 한 호텔 바둑 대국장을 꼽을 테고, 이곳을 찾아가 기념하고 역사적인 장소로 보존하려고 할지도 모른다고요.

미래가 어떻게 될지는 모르지만, 이제 알파고 같은 인공지능, 그리고 그로 인해 형성될 초연결 사회에 나타날 수 있는 문제들을 찾아보고, 이를 위한 해결 방안과 구체적인 제도를 마련하기 위한 노력을 시작해야 하지 않을까요?

위험과 행복을 가르는 인류의 선택

인공지능 도입의 긍정적인 면은 인간의 삶이 편리해진다는 것입니다. 인공지능을 생산에 도입하면 위험한 노동이나 중노동을 대체하여 인간을 편하게 해줄 것입니다. 인공지능 로봇으로 인해 노동에서 자유로워진 인간은, 고대 그리스에서 노예들 덕분에 노동에서 자유로워진 자유민이 그랬듯이 철학적 논의나 직접 민주주의 참여, 그리고 풍요로운 여가 및 예술 등 인간 고유의 활동을 더 자유롭게 즐길 것이라고 봅니다. 당연히 생산 환경도 좋아지면서 환경문제도 나아질 것이고 의학기술의 발달로 삶의 조건도 더 나아질 것으로 예측합니다.

그러나 다른 시나리오도 존재합니다. 인공지능이 인간의 노동을 대체하면 인간은 노동력을 상실하고 이로 인해 소득이 없어지고, 가난으로 치닫는 집단이 과거보다 훨씬 더 많아질 것이라는 예측입니다. 일상생활을 인공지능 로봇으로 대체하고 자유롭고 여유 있게 살기 위해서는 로봇을 구매할 경제력이 필요한데, 직업이 없는 다수는 이를 누리지 못할 것이고, 그러면 인공지능 사업도 장기적으로 경쟁력이 없어질 것이라는 예측도 가능합니다.

더 나아가 인공지능이 일상의 모든 것을 점령하여 인간 사회를 통제하고 인간의 자율적인 삶을 위협받게 될지 모른다는 공포심도 가질 수 있지요.

인공지능이 인간을 지배하는 일은 거의 불가능에 가깝다고들 합니다. 그러나 인공지능이 인간의 노동을 대체해서 수많은 실업자를 양산할 것이고, 이로 인해 지금까지 겪은 빈부격차와 다른, 더 극심한 빈부격차 사회가 될 것이라는 예측은 실제가 될 가능성이 높다고 보는 학자들이 많습니다.

제4차 산업혁명의 첨단기지라고 할 수 있는 미국 실리콘밸리에서 기본 소득 실험을 하는 이유는 바로 이런 시대에 대비하기 위한 것입니다. 제4차 산업혁명으로 발생한 실업자들에게 기본 소득을 제공함으로써 빈부격차를 해결할 제도적 열쇠를 찾아보려는 것이지요.

지금보다 더 극심한 감시 사회가 될 것이라는 예측도 있습니다. 더욱 선명해진 CCTV와 CCTV 간의 사물인터넷, 그리고 여기서 쌓인 빅데이터, 이런 것들이 감시 기능을 훨씬 고도화할 것이라는 뜻입니다. 이런 일이 일어나면 고대 그리스의 자유민이 누리던 삶은 불가능해질 것입니다. 그러므로 인간이 자유를 지키기 위해서는 어떤 제도를 도입해야 할지 생각해야 합니다.

　수많은 영화들은 긍정적인 시나리오와 부정적인 시나리오 속에서 인간의 미래를 예측합니다. 어떤 미래가 다가올지는 결국 우리 인간의 선택이어야 합니다. 과학기술이 만들어내는 유토피아를 꿈꾸는 데서 멈추지 말고, 그로 인해 나타날 다양한 부정적인 현상에 대해 목소리를 내고, 대안과 해결 방안을 찾고, 제도를 만들어내야 합니다. 인간이 지금까지 그렇게 목소리를 냄으로써 현재를 누리게 된 것처럼 말입니다.

프로젝트 하기

조사 활동 **인공지능이 바꿀 미래 직업 환경 조사하기**

1. 인공지능이 활발하게 나타날 영역을 조사한다.

2. 인공지능이 대체하여 미래에 사라질 직업과 새로 생겨날 직업을 조사한다.

3. 나는 미래에 어떤 직업을 준비할지 생각하고 삶의 방향을 정해본다.

상상 활동 **20년 후의 나의 일기 적어보기**

1. 20년 후 과학기술의 발달을 예측한 자료를 찾는다.

2. 20년 후 나의 나이, 가족, 직업 등을 예상하고, 하루의 일상을 일기처럼 적는다.

3. 일기에 적은 일상이 미래 과학기술의 어떤 부분과 관련하여 적은 것인지, 앞서 찾은 자료와 함께 일기 밑에 제시한다.

인터스텔라

문학	미술	영화	뮤지컬
		V	

2014년에 크리스토퍼 놀란 감독이 만든 영화이다. 상대성 이론, 블랙홀 등 과학적 개념도 파악할 수 있는 SF 영화로 많은 이론물리학자가 자문위원 및 공동 제작에 참여한 것으로 알려져 있다.

줄거리

정확한 시기를 모르는, 그러나 가까운 미래. 지구의 삭막한 환경을 그려내며 영화는 시작한다. 먼지가 수북한 곳에서 자라는 옥수수는 지구환경 변화로 인해 수많은 사람들이 사막화와 식량난에 시달리고 있음을 암시한다. 이를 해결하기 위해 지구인들이 이주할 수 있는 새로운 행성을 찾아야 하는 주인공과 그 가족의 이야기를 담았다.

"우리는 답을 찾을 거야. 늘 그랬듯이"라는 주인공의 말에는 과거의 인류가 그래왔던 것처럼 미래의 인류도 새로운 해결책을 발견할 수 있을 거라는 희망이 담겨 있다.

영화를 통해 이론물리학에 대한 기초적 이해도 가능하다. 그러나 가장 중요하게 봐야 할 부분은 가까운 미래, 지구가 더 이상 인간이 살 수 없는 곳으로 변할지도 모른다는 경고이다.

📽 주제 던지기

최근 미래를 다룬 영화에서는 지구를 대신할 행성을 찾아서 우주여행을 하는 이야기가 종종 등장한다. 이와 관련하여 두 가지 주장이 가능하다.

주장 ① 지구환경 변화로 지구는 사람이 살기 어려운 행성이 될 것이다.

왜냐하면 산업화 이전과 비교하여 섭씨 1.5도가 상승하면 사막화, 식량 부족 현상이 생기는데, 이미 섭씨 1도가 오른 상태이다. 조만간 지표면 온도는 더 상승하여 인간이 살기 어려운 환경이 될 것이다. 협약 등을 통해 지구온난화를 막기 위한 정책을 펴지만, 개별 국가의 이기심으로 인해 해결되지 않을 것이다. 결국 지구에서는 생명이 사라지고 인간도 살기 어렵게 될 것이다. 그 시기가 빨리 올지 조금 미뤄질지 예측하기가 어려울 뿐, 지구의 미래는 암울하다.

주장 ② 지구환경 변화를 막아내 인간은 지구에서 계속 생존할 것이다.

왜냐하면 지금까지 인류는 문제에 대한 답을 찾아왔기 때문이다. 지구온난화 문제도 이성적으로 예측하고 해결책을 찾아낼 것이다. 기후변화협약 같은 정책적 노력도 할 것이며, 인공고기처럼 자연을 보존하면서 인간의 욕구도 해결하는 과학적 노력도 성공할 것이다. 우리가 문제를 만들었다면 해결 또한 과학기술을 기반으로 찾아낼 것이다. 지구는 인류의 영원한 삶의 터전으로 남을 것이다.

📽 토론 주제

미래에 인간은 지구에서 생존할 수 있을까?

마치며

세계, 미래, 그리고 나

뉴스를 보면 지구촌의 많은 지역이 더 이상 평화를 누리기 어려워 보입니다. 테러와 분쟁, 군비 및 무기 강화, 무역 전쟁, 역사 갈등, 자원 싸움, 영토 분쟁…….

20세기 세계대전과 냉전체제 이후, 인류는 오랜 기간 전쟁 없이 서로 협력하면서 살아갈 것 같은 분위기였지만 새로운 밀레니엄인 21세기에 접어들면서 그 평화는 깨진 것 같습니다.

20세기 지구촌에도 빈부격차나 차별, 기아 등 문제가 없지는 않았지만, 많은 나라가 자국의 이익을 양보하면서 지구촌를 위해 협력하는 모습을 보였습니다. 그래서 환경, 기아, 식량, 난민 문제 등에 해결 방안을 하나하나 찾아나가는 모습을 보면서 아름다운 미래를 기대했지요.

그러나 2015년 이후 지구촌의 많은 나라들이 협력을 거부하고 자국의 이익을 위해 국제 질서를 재편하려 합니다. 특히 강대국인 미국, 중국, 러시아, 일본, 영국 등이 자국의 이익을 쫓느라 대립하는 일이 잦아졌습니다. 다시 신 냉전 시대가 오는 것은 아닌지 두려워질 정도입니다.

20세기 냉전이 미국과 소련이라는 두 국가를 중심으로 자유주의와 전체주의 국가 간의 정치적 대립이었다면, 새로운 냉전은 미국과 유럽연합을 중심으로 하는 진영과 중국과 러시아를 중심으로 하는 다른 진영이 경제적으로 대립하는 양상입니다.

신 냉전은 이 두 축을 중심으로 국제무역을 비롯해 다양한 정책을 두고 대립하는 것이라고 보는 거지요. 이렇게 되면 지구촌 전체의 이익을 고려한 합리적인 방안을 도출하기보다는 개별 국가의 경제적 이익이 우선시될 것입니다.

지금까지 지구촌의 문제에서 합리적인 해결 방안을 모색하고 노력해온 데에는 모든 국가가 한 배를 탄 운명 공동체라는 인식이 있었습니다. 그 속에서 인류 전체의 번영을 고려한 의사결정을 해야 한다고 인정했던 것이죠. 즉 우리 모두는 지구촌 시민이고, 우리의 의사결정이 현재뿐 아니라 미래를 위한 선택이라고 여겼기에 협력을 추구할 수 있었습니다.

그러나 새로운 냉전체제에서 개별 국가의 이익이 강조되면 민족주의, 신자유주의, 국익 우선주의적 판단을 하게 될 가능성이 큽니다. 이렇게 되면 19세기처럼 힘을 가진 나라들이 다른 나라를 점령하여 제국주의적 식민지를 건설하는 시기가 다시 도래하지 않을지 걱정됩니다.

뉴스를 보다 보면 지구촌에서 더 이상 안녕과 행복을 맛볼 수 없을 것 같은 두려움이 생깁니다. 지진과 홍수, 쓰나미, 가뭄과 사막화, 무너져 내리는 북극의 빙하, 황사와 미세먼지, 자원 고갈…….

어느 날 듣도 보도 못한 자연재해가, 혹은 인간이 만들어낸 재해가 우리의 행복한 일상을 망가뜨릴 가능성이 점점 높아지고 있지요. 그런데도 인간은 여전히 자연을 황폐하게 만들고 있습니다. 지구는 더 뜨거워지고 있고, 생물종은 점점 사라지고 있습니다.

과학기술 역시 발달하고 있지만, 수많은 화학물질 속에서 살아가는 우리의 일상은 안전하지 않습니다. 그나마 지금은 가습기 세정제, 생리대, 기저귀 등 생활용품의 안전 문제에 그치지만, 언젠가는 먹거리까지 위협할지도 모릅니다. 아니, 살충제 계란, 광우병 소고기 문제에서 보듯 더 이상 먹거리도 안전하다고 볼 수는 없지요. 아직도 유전자 조작 식품의 안전성에 대해 정확한 사실을 파악하지 못하고 있습니다. 수많은 첨가물에 대해서도 마찬가지입니다.

전략 무기들이 인간의 생명에 얼마나 큰 위험인지, 자원 고갈이 정확히 언제 일어날지, 저출산이 미래의 노동력과 복지에 얼마나 큰 영향을 줄지 등에 대해서도 명확하게 모릅니다. 현재의 빈부격차와 가치관의 부재가 미래를 어떻게 변화시킬지도 모릅니다. 과거와 달리 어디서 어느 정도의 위험이 어떻게 올지 예측하기 힘든 삶입니다. 그러므로 미래를 부정적으로 그리는 영화나 소설이 남의 일 같아 보이지만은 않습니다.

그럼에도 인류는 그 어느 때보다 경제적으로 풍요로워졌습니다. 활동 공간도 훨씬 넓어졌지요. 과거 어느 때보다 인간 존엄에 대한 가치를 중시합니다. 현재 인류는 과거에 비해 더 많이 학습하였고, 더 많이 질문하면서 상황을 보는 지혜 또한 더 깊이 갖추었습니다. 그리고 인간의 문제를 예측하고 해결하기 위해 노력하려는 자세도 나아지고 있습니다.

갈등을 평화롭게 해결하려는 의지도 강해졌습니다. 미래가 현재에 의해 좌우되고, 현재의 노력이 미래를 긍정적으로 만들 수 있다는 믿음도 강합니다. 그러므로 앞서 이야기한 수많은 위험과 위기는 해결될 것이며, 인류는 항상 그래왔듯이 더 나은 답을 찾을 것입니다.

그렇다면 우리는 무엇을 해야 할까요? 우리는 개인이기도 하고, 대한민국의 국민이기도 하고, 지구촌의 시민이기도 합니다. 이 책을 덮는 순간 개인으로서, 그리고 대한민국 국민으로서, 지구촌의 미래를 결정하는 데 영향을 주는 사람으로서, 자신을 자각하는 일이 가장 중요합니다. 지구촌 시민으로서 조화로운 삶을 위해 중요하게 다루어야 할 핵심 가치는 무엇이며, 미래를 위한 더 나은 정책을 제시하고 지지하기 위해 무엇을 할지 생각해보아야 합니다.

이 책에서 다룬 내용들은 여러분이 그런 생각을 하는 데 작은 실마리를 던지는 역할을 할 뿐입니다. 우리 모두가 그러한 생각을 해나가기 시작하면 미래는 긍정적인 방향으로 움직일 것입니다.

여러분의 손에 자신의 미래가, 대한민국의 미래가, 지구촌의 미래가, 그리고 다음 세대의 미래까지 달려 있습니다.

2018년 5월
구정화

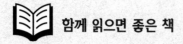 **함께 읽으면 좋은 책** ◦◦◦

1장 경제 흐름을 이해하고 나의 미래 설계하기

『**오늘부터 제대로, 금융 공부**』(2018). 권오상 지음. 창비

청소년들이 알아야 할 금융 질문 35가지를 제시하고 답을 찾아가는 내용을 담아냈다. 돈과 빚, 금융 시장까지 관련 정보를 충분히 다루고 있다.

『**청소년을 위한 국부론**』(2010). 아담 스미스 원저, 김수행 지음. 두리미디어

서울대학교 경제학과 교수를 지낸 저자가 청소년을 위해 아담 스미스의 국부론을 쉽게 풀어 쓴 책이다. 고전을 새롭게 읽는 재미가 있을 것이다.

『**청소년을 위한 경제학 에세이**』(2016). 한진수 지음. 해냄출판사

주변에서 일어나는 다양한 사회현상에 경제학적 개념을 연결시켜 설명하고 있어서 다양한 경제 지식을 쉽게 이해할 수 있다. 경제학이 무엇인지에 대한 설명부터 시장과 가격, 그리고 국가 경제 이슈까지 다룬다.

『**청소년을 위한 자본론**』(2010). 마르크스 원저, 김수행 지음. 두리미디어

서울대학교 경제학과 교수를 지낸 저자가 마르크스 경제학의 대중화를 위해 풀어 쓴 마르크스의 자본론이다. 최근 사례를 예로 들어 마르크스 자본론을 설명하고 있어서 이해가 쉬울 것이다.

2장 정의로운 사회는 어떻게 만들어지는가?

『건강 격차』(2017). 마이클 마멋 지음. 김승진 옮김. 동녘

'건강 불평등'이라는 사회적 불평등 문제를 다루고 있다. 건강은 음주나 흡연 여부, 운동 관리 등 개인의 일인 것 같지만, 사실은 가난이라는 사회 문제와 불평등한 의료 시스템 때문임을 자료와 함께 제시하고 있다.

『뜨는 동네의 딜레마, 젠트리피케이션』(2016). DW 깁슨 지음. 김하현 옮김. 눌와

우리 주변에도 이태원 경리단길, 경주 황리단길 등 새로 주목받는 새로운 공간들이 있다. 미국에서 일어나는 집값과 임대료, 그리고 이주하는 사람들의 이야기를 담았다. 뉴욕의 사례를 담았지만 우리나라 어느 곳에서도 가능한 이야기다.

『부러진 사다리』(2017). 키스 페인 지음. 이영아 옮김. 와이즈베리

일반적으로 '계층'을 이야기할 때 학자들이 많이 사용하는 것이 '사다리'이다. 그리고 교육의 역할도 아래쪽에서 위쪽으로 이동을 편리하게 하는 사다리에 빗댄다. 부러진 사다리는 사회 이동을 불가능하게 하는 불평등이 고착된 사회를 말한다. 불평등에 대한 인식이 개인의 삶에 미치는 영향을 상세하게 보여준다.

『사회 정의란 무엇인가』(2015). 이종은 지음. 책세상

일반적으로 우리가 다루는 분배적 정의는 사회 정의와 관련이 있는데, 이와 관련된 다양한 학자들의 주장을 풀어서 설명하고 있다. 쉬운 책은 아니지만 사회 정의와 사회정의론에 관해 궁금하거나, 철학자인 존 롤스의 『정의론』을 읽어볼 여유가 없다면 추천한다.

『인간 불평등 기원론』(2003). 장 자크 루소 지음. 주경복·고봉만 옮김. 책세상

루소가 인간 사회의 평등과 불평등 문제의 근원을 다룬 책이다. 자연 상태에서 평등했던 인간이 사회 속에서 불평등을 경험하는 과정을 기술하였고, 그 해결 방법에 대해 사고하는 것도 볼 수 있다.

『주적은 불평등이다』(2017). 이정전 지음. 개마고원

불평등이 가져오는 사회적 해악을 다루면서 현재 우리 사회의 불평등에 대하여 직접적으로 문제 제기를 하고 있다. 사회 불평등 문제를 가볍게 여기게 했던 잘못된 생각 여섯 가지에 대해 반박한다. 우리 사회의 불평등 문제를 제대로 이해할 수 있게 도와준다.

『청소년을 위한 정의론』(2011). 강영계 지음. 해냄출판사

교정적 정의, 분배적 정의 등 정의의 개념과 함께 다양한 사례를 만날 수 있다. 청소년들이 혼동하기 쉬운 '의리'와 '정의'의 차이를 설명하는 등 청소년의 눈높이에서 정의와 관련된 문제를 다양하게 다루고 있다.

『10대를 위한 JUSTICE 정의란 무엇인가』(2014). 마이클 샌델 원저, 신현주 글, 김선욱 감수. 미래엔아이세움

자신의 하버드대학교 강의를 기초로 한 마이클 샌델의 저서 『정의란 무엇인가』를 바탕으로 10대들이 쉽게 볼 수 있도록 다양한 그림과 사례를 넣어 정의에 관해 설명하는 책이다.

3장 다양한 문화 속에서 함께 살아가기

『낯선 곳에서 나를 만나다』(2006). 한국문화인류학회 편저. 일조각

문화인류학 입문서이면서 문화 상대주의의 중요성을 다루고 있다. 문화인류학에 관심이 있다면 흥미롭게 읽을 수 있는 반가운 책이다.

『문화의 수수께끼』(2017). 마빈 해리스 지음. 박종렬 옮김. 한길사

문화인류학자인 저자가 암소 숭배 현상, 돼지고기 혐오, 유령화물, 마녀사냥, 구세주 등 그동안 연구했던 다양한 문화를 분석해 놓은 책이다. 이 외에도 독특한 문화현상이 왜 나타나는지를 보면서 문화 상대주의 필요성을 이해하게 될 것이다.

『세계의 장례문화』(2006). 한국외국어대학교 외국학종합연구센터 지음. 한국외국어대학교출판부

각 나라마다 그들의 자연환경, 종교적 특성, 가치관 등에 비추어 고유한 장례풍습을 가지고 있다. 우리가 보기엔 너무나 낯설고 이상한 장례풍속이라도 그 안에 담긴 상징과 의미를 잘 파악하면 왜 그 지역에서 그런 문화를 갖게 되었는지 알게 된다.

『우리 옆의 약자』(2006). 이수현 지음. 산지니

우리 사회 소수자들의 이야기를 담고 있다. 이주 노동자, 장애인, 미혼모, 병역거부자, 성소수자, 탈북민 등. 이들이 우리 사회에서 차별받으며 느끼는 고통을 기록한 것뿐만 아니라 문제 해결 방안도 제시하고 있다.

4장 세계 속의 심화되는 갈등과 평화를 위한 발걸음

『강제로 끌려간 조선인 군위안부들 1, 2, 3』(2014). 한국정신대문제대책협의회·한국정신대
연구소 공편. 한울

제2차 세계대전 중 일본군의 위안부로 끌려간 피해자들의 증언을 그대로 옮겨 기록한 증
언집이다. 꼭 읽어볼 것을 추천한다.

『독일의 역사 교육』(2009). 최호근 지음. 대교출판

왜 독일에서는 자신들의 역사적 만행을 학생들에게 가르치고 기억하려고 하는가? 아이
들에게 숨기고 싶은 과거를 가르치는 독일인들의 이야기 속에서 세계가 나아가야 할 방
향을 찾을 수 있다.

『왜 세계화가 문제일까?』(2013). 게르트 슈나이더 지음. 이수영 옮김. 정승일 도움글. 반니

세계화로 인해 생기는 문제들을 청소년들이 쉽게 이해할 수 있도록 풀어 썼다. 세계화의
부정적인 측면을 다루고 있다는 점을 고려하면서 읽기를 추천한다.

『왜 세계의 절반은 굶주리는가?』(2016). 장 지글러 지음, 유영미 옮김. 갈라파고스

오늘날 세계적으로 식량이 부족하지 않는데도 세계의 절반이 굶주리는 이유를 세계의
경제 시스템과 경제 불평등이라는 측면에서 설명하고 있다. 이와 연결된 책인 『굶주리는
세계, 어떻게 구할 것인가?』도 같이 읽으면 현상에 대한 답을 찾는 데 도움이 될 것이다.

『일곱 가지 상품으로 읽는 종횡무진 세계지리』(2017). 조철기 지음. 서해문집

스마트폰, 청바지, 콜라, 햄버거, 축구공 등 다양한 상품을 통해 문화 교류와 관련된 지리
적 현상을 보여준다. 세계화 시대에 경제지리 측면에서 문화 상품을 어떻게 볼 수 있는지

파악할 수 있도록 도와주는 책이다.

『자원전쟁』(2010). 시바타 아키오 지음. 정정일 옮김. 이레미디어
그 어느 때보다 자원을 둘러싼 갈등이 심화되고 있다. 자원 고갈의 문제와 함께 자원 민족주의가 나타나는 양상을 보여준다. 지구촌의 총성 없는 전쟁이라고 할 수 있는 자원 전쟁의 양상을 파악하고 우리는 어떻게 해야 할 것인가에 대해서 생각해볼 수 있도록 도와준다.

『책도둑 1, 2』(2008). 마커스 주삭 지음. 정영목 옮김. 문학동네
제2차 세계대전, 독일의 유태인 학살 등을 배경으로 그 시대를 살았던 한 여자아이가 책도둑이 된 이야기를 들려주면서 전쟁이 얼마나 잔혹한가를 보여준다. 전쟁이 인간의 일상과 인간성을 파괴해나가는 것을 생생하게 느낄 수 있다. 2013년에 영화로도 만들어졌다.

5장 다음 세대를 위한 우리의 선택은 무엇인가?

『멋진 신세계』(2015). 올더스 헉슬리 지음, 안정효 옮김. 소담출판사

1932년에 발표한 작품임에도 지금도 공감할 수 있도록 인류의 미래를 사실적으로 그려낸 소설이다. 인간의 존엄성과 가치가 얼마나 중요한지, 현재의 새로운 과학기술 앞에서 우리가 무엇을 생각해보아야 할지 고려하게 해준다.

『명견만리(인구, 경제, 북한, 의료 편)』(2016). KBS 명견만리 제작팀 지음. 인플루엔셜

KBS 시사교양 프로그램 〈명견만리〉에서 다룬 주제를 책으로 펴낸 것이다. 다양한 전문가들의 이야기를 바탕으로 지구촌, 그리고 한국의 현재와 미래 등에 대한 생생한 현실을 파악할 수 있다.

『지구의 미래』(2016). 세계일보 특별기획취재팀 지음. 지상사

현재 우리가 경험하는 기상 이변이 사람들의 일상에 미치는 영향을 기록하고 있다. 지구에서 살아가는 일이 점점 힘들어지고 있는데, 그에 대하여 다양한 기후변화 사건들을 제시한다. 기상 이변과 관련한 세계 여러 나라의 다양한 우려들을 읽어낼 수 있다.

1) 이상서 외, "[카드 뉴스] 콜센터 상담원, 욕설·성희롱 전화 끊을 권리 생긴다",《연합뉴스》, 2017. 11. 14

2) 캐나다 래퍼 드레이크(Drake)의 2011년 발표 곡 〈The Motto〉

3) 은행이 파산하면 한 금융기관당 5,000만 원까지 예금자의 원금을 보장한다. 그런데 은행 등 금융기관은 예금뿐 아니라 증권회사와 연계하여 증권이나 채권 같은 파생상품도 판매하는데, 여기에 투자한 돈은 예금에 속하지 않는다.

4) 『장래인구추계: 2015~2065년』, 통계청 지음, 2016, 63쪽

5) 영화 〈내부자들〉 중

6) KBS 드라마 〈아버지가 이상해〉 중

7) 『인간 불평등 기원론』, 장 자크 루소 지음, 김중현 옮김, 펭귄클래식코리아, 2015, 74쪽

8) 2017년 1월부터 2년간 실험한다고 하니 2019년 1월 최종 결과가 나올 때 관련 자료를 찾아 살펴보면 도움이 될 것이다.

9) 『생각의 지도-동양과 서양, 세상을 바라보는 서로 다른 시선』, 리처드 니스벳 지음, 최인철 옮김, 김영사, 2004

10) 아시아적 가치는 한때 아시아 국가의 눈부신 경제 성장을 설명하는 중요한 논거로 제시되었으나, 최근 아시아 경제가 위기에 처하면서 설득력을 잃고 있다.

11) 『슬픈 열대』, 레비스트로스 지음, 박옥줄 옮김, 한길사, 1998

12) 황대일, "[숨은 역사 2cm] 네안데르탈인 '5천년 전쟁'으로 멸종…원인은 소통 부족",《연합뉴스》, 2017. 3. 11

13) 『쿠쉬나메(페르시아 왕자와 신라 공주의 천 년 사랑)』, 이희수·다르유시 아크바르자데

지음, 청아출판사, 2014

14)『관용, 세상의 모든 칼라스를 위하여』, 볼테르 지음, 김계영 옮김, 옴므리브로, 2015

15) http://www.youtube.com/watch?v=Bb2fTQO31GQ&feature=player_embedded

16) www.unesco.or.kr「유네스코 소식」중 "'세계모어의 날' 기념 유네스코 사무총장 메시지" 중 인용

17) 미국 제39대 대통령. 퇴임 후 국제사회에서 일어나는 분쟁을 해결하는 데 헌신하여 '세계 평화의 전도사'라는 별명을 얻었다.

18)『역사, 무엇을 어떻게 가르칠까-현장 교사들이 쓴 역사교육론』, 전국역사교사모임 지음, 휴머니스트, 2008, 278~289쪽

19)『올바르게 풀어쓴 백범일지』, 김구 지음, 너머북스, 2008, 640쪽

20)『역사로 보는 환경』, 김정규 지음, 고려대학교출판부, 2009, 281~282쪽

21)『왜 세계의 절반은 굶주리는가』, 장 지글러 지음, 유영미 옮김, 갈라파고스, 2007의 내용을 소개.

22)『장래인구추계:2015~2065』, 통계청 지음, 2016

23)「저출산 극복을 위한 긴급제언-CEO인포메이션 제752호」, 강성원·박준·손민중 지음, 삼성경제연구소, 2010

24) 마크 라이너스, "6도의 악몽",《내셔널지오그래픽》, 2008. 1. 22

25)『유네스코 한국위원회와 지속가능 발전교육』, 유네스코한국위원회 지음, 2014, 6쪽

26) 김영우, "89년작 '백투더퓨처2'에서 묘사한 2015년, 지금 다시 보니?",《IT 동아》, 2014. 12. 31

27) 과학기술정보통신부 블로그 blog.naver.com/with_msip

28) 오혜진·권예슬, "인공 계란-소고기-우유……자연산 대신 식탁 오를까",《동아일보》, 2017. 8. 25

통합사회 교과서와 함께 읽기 2

초판 1쇄 2018년 5월 14일
초판 4쇄 2023년 11월 20일

지은이 | 구정화
펴낸이 | 송영석

주간 | 이혜진
편집장 | 박신애 **기획편집** | 최예은 · 조아혜
디자인 | 박윤정 · 유보람
마케팅 | 김유종 · 한승민
관리 | 송우석 · 전지연 · 채경민

펴낸곳 | (株)해냄출판사
등록번호 | 제10-229호
등록일자 | 1988년 5월 11일(설립일자 | 1983년 6월 24일)

04042 서울시 마포구 잔다리로 30 해냄빌딩 5 · 6층
대표전화 | 326-1600 **팩스** | 326-1624
홈페이지 | www.hainaim.com

ISBN 978-89-6574-649-2
ISBN 978-89-6574-647-8(세트)